Kathleen Posen

Kathleen Posen

みんなの日本語

初級I 第2版

Minna no Nihongo

漢字 英語版 Kanji I (English)

西口光一 ［監修］

新矢麻紀子・古賀千世子・髙田 亨・御子神慶子 ［著］

スリーエーネットワーク

Published by 3A Corporation.
Trusty Kojimachi Bldg., 2F, 4, Kojimachi 3-Chome, Chiyoda-ku, Tokyo 102-0083, Japan

ISBN978-4-88319-683-8 C0081

First published 2000
Second Edition 2014
Printed in Japan

Preface

It is generally recognized that one of the major challenges for the learners of Japanese who have no background in using Chinese characters is acquiring the ability to read and write kanji. For those learners, the Japanese writing system is completely foreign and kanji look as though they are arbitrary graphic patterns consisting of different lines and dots. Therefore, it is understandable that many people hesitate to learn Japanese when they find these foreign characters used in the writing system, and that some learners focus on oral communication skills while avoiding learning written Japanese. It is true that the acquisition of written Japanese is a somewhat laborious task, but it will not be as laborious as you expect it to be if you are guided properly. Besides, you may experience a sense of wonder and excitement as you become familiar with a completely different writing system. The Romans said there is no royal road to learning. But there is a proper road to learning. This book will lead you onto that proper road, so that you can learn to read and write Japanese, and kanji in particular, in an informative and enjoyable way.

On behalf of the authors of the book, I wish to thank Ms. Ayako Kikukawa of 3A Corporation for her sage advice, perseverance, and close attention to detail during the editing of this text prior to publication. And also a debt of gratitude is owed to Mr. Masahiko Nishino for his excellent work on the illustrations.

Koichi Nishiguchi
February 2000

With the publication of 'Minna no Nihongo Shokyu I Second Edition Main Text,' the vocabulary in this book has been revised and the book now published as a Second Edition.

3A Corporation
February 2014

はじめに

　漢字を読んだり書いたりする能力を習得することは、漢字という文字に馴染みのない学習者にとって学習上の大きな障害となっています。そうした学習者には、日本語の表記システムはたいへん奇妙なものであり、漢字という文字は適当な直線と曲線と点でできた無秩序な図形のように見えます。ですから、学習者が、このような漢字や日本語の表記システムを見て、日本語を勉強するのを躊躇するのはもっともだと言えますし、また、一部の学習者が漢字の学習をあきらめて、日本語の会話だけを勉強しようとするのもある程度理解できます。確かに、日本語の書き言葉を習得するのはそれほど容易なことではありません。しかし、適切な方法で勉強すれば、一見して思うほどたいへんなことではありません。また、自分の言語とはまったく違う日本語の表記システムが分かり始めると、きっと言葉というものの不思議さやおもしろさを感じることでしょう。その昔ローマ人は「学問に王道なし」と言いました。しかし、学問には「適切な道」はあります。この漢字の本は皆さんをその適切な道に導いてくれます。この本で勉強すれば、漢字や漢字語などについていろいろなことを知りながら、楽しく漢字を含む日本語の読み書き能力を習得することができます。

　本書の出版にあたり有益な助言をくださり、忍耐強く繊細に編集の作業をしてくださったスリーエーネットワークの菊川綾子氏に執筆者を代表して深く感謝を申し上げます。また執筆者の意向をよく理解し、かわいいイラストに仕上げてくださった西野昌彦氏にも感謝の意を表します。

2000 年 2 月　西口光一

　本書は『みんなの日本語 初級Ⅰ 第 2 版 本冊』の発行に伴い、語彙の見直しを行い、第 2 版として発行するものです。

2014 年 2 月　スリーエーネットワーク

Introduction

☐ **General features of this book**

This book has been prepared as a kanji book for みんなの日本語初級Ⅰ. However, the scope of this book is not limited to the kanji and *kanji words that appear in the course book. It also includes the development of general kanji ability and written Japanese language skills.

The authors do not think that the only way to learn kanji is to simply practice writing each kanji or kanji word over and over again and to memorize their readings by rote. Neither do the authors think that it is a good idea to design a course of learning based on the kanji system, because it is only a partial system and if we choose that course learners are often obliged to learn many unfamiliar words. The authors believe that **kanji and kanji words are best learned if they are studied in familiar words used in familiar contexts, while at the same time paying attention to the kanji system**. In this way, learners not only acquire a certain number of kanji and kanji words per se but also build a solid foundation to their general kanji ability and develop skills in written Japanese, thus encouraging them to study Japanese further.

As explained below, in the process of selecting the target kanji and kanji words, the contents of the course book and the lists of kanji and vocabulary prepared for the former Japanese Language Proficiency Test were taken into consideration. Therefore, **this book can be used as a general beginning kanji text**, as well as a kanji book accompanying みんなの日本語初級Ⅰ.

*kanji word = a word that is normally written in kanji or kanji plus some additional hiragana.

☐ **Target kanji and kanji words**

Two hundred and twenty kanji and **three hundred and fifty-one kanji words** have been selected as targets in this book. The 351 target kanji words, with some exceptions (exceptions 1-3), are found within the course book and also appear in the Vocabulary List for Level 4 of the Japanese Language Proficiency Test. The 220 target kanji are those required to write these 351 kanji words. With the exception (see exception 4) of the 12 kanji shown on the next page, the remaining 208 kanji are all Level 3 kanji. **All 103 of Level 4 (i.e., beginning level) kanji with the exception of 2 kanji (see exception 5)** and **75% of the 284 Level 3 (i.e., elementary level) kanji** are covered in this book.

<Exceptions>

1. The following target kanji words are not studied in the course book but appear in the Vocabulary List for Level 4 of the Japanese Language Proficiency Test.
   東, 西, 南, 北, 家, 毎週, 毎月, 毎年, 同じ, *今日, *今年, *今朝, *後ろ
   * These kanji words are written in hiragana in the course book, but are written using kanji in this book and included in the target kanji words.

2. The following target kanji words are studied in the course book but do not appear in the Vocabulary List for Level 4 of the Japanese Language Proficiency Test.
   会社員, 銀行員, 止める, 高校, 下ろします

3. The following target kanji words are not studied in the course book and do not appear in the Vocabulary List for Level 4 of the Japanese Language Proficiency Test.
   小学校, 中学校, 小学生, 中学生, 高校生, 大学生

4 . The following target kanji are included in the target kanji though they are Level 2 kanji of the Japanese Language Proficiency Test.

晩，達，利，鉄，降，閉，酒，寝，内，奥，部，窓

5 . The following 2 kanji became Level 4 kanji following the 2002 partial revision of the "Japanese Language Proficiency Test Standard". The 2 kanji are target kanii of みんなの日本語初級Ⅱ漢字．

耳 (from Level 2 to Level 4) and 空 (from Level 3 to Level 4)

☐ Overview of the book

This book consists of four parts: three parts in the main body of the book plus a Reference Booklet which is appended to it. The purpose and contents of each part are explained below.

Part Ⅰ : Introduction to kanji

The purpose of this part is to familiarize you with the **Japanese writing system** and the **formal and semantic characteristics of kanji**. You will learn how Japanese is written with different types of characters and how kanji function within the writing system. You will also learn some of the more important characteristics of kanji.

Part Ⅱ : Introductory lessons

This part focuses on the formal features of kanji. The skills you will acquire in studying this part will form the foundation of your ability to recognize and write kanji.

To be able to write kanji in an orderly and efficient way you have to acquire **kanji-specific psychomotor skills**. Without these skills, you will not be able to write kanji in a practical way and the studying of kanji will continue to be very laborious work. However, once you acquire these skills, (re)production and recognition of kanji will be far easier. Basic strokes of kanji, one of the most important features of this book, is specifically designed to enable you to acquire these skills. Thirty-five kanji are selected and ordered in a way that you will acquire the necessary psychomotor skills as you work through the material. **Practice writing each of the thirty-five kanji until you can write each one unhaltingly and correctly**. And come back to Basic strokes of kanji and practice them again if you have difficulty in writing kanji as you proceed through this book.

The rest of Part Ⅱ includes **kanji recognition practices**. Through these practices you will become familiar with the general composition of kanji and some commonly used components of kanji, and develop an ability to recognize kanji correctly.

Part Ⅲ: Main lessons

This is the actual main body of the book. This part consists of **twenty units** and **four summary lessons** named Kanji Ninja (忍者, the shadow warrior) inserted after every five units. The appropriate time to study the units and the target kanji and kanji words included in them is shown on the next page.

When to study the units

	When to study the unit(s) in terms of the lessons in みんなの日本語 初級 I	In which lessons of the course book the target kanji and kanji words are found
Unit 1 — Unit 5	After Lesson 5	Lesson 1 to Lesson 5
Unit 6 — Unit 10	After Lesson 10	Lesson 6 to Lesson 10, or before these lessons
Unit 11 — Unit 12	After Lesson 15	Lesson 11 to Lesson 15, or before these lessons
Unit 13 — Unit 15	After Lesson 20	Lesson 16 to Lesson 20, or before these lessons
Unit 16	After Lesson 21	Lesson 21, or before it
Unit 17	After Lesson 22	Lesson 22, or before it
Unit 18	After Lesson 23	Lesson 23, or before it
Unit 19	After Lesson 24	Lesson 24, or before it
Unit 20	After Lesson 25	Lesson 25, or before it

Each unit has four pages. Each of these pages is explained below.

First page

All the target kanji studied in the unit are shown at the top of the page. The target kanji words are presented with relevant illustrations. Study the relationship between the kanji words and the illustrations in order to find clues to understanding and memorizing the kanji or kanji words.

Second and third pages: Pages A and B of each unit

The target kanji are divided and studied in these two pages. Each page consists of the following three sections:

Ⅰ. 読み方: Presentation and recognition practice of the target kanji and kanji words
Ⅱ. 書き方: Writing practice of the target kanji
Ⅲ. 使い方: Reading practice of the target kanji words in example sentences. Readings are added to the kanji words that are not targets of study in the unit.

Last page: *Kanji Hakase* (漢字博士, the kanji specialist)

This page is a summary or review of the unit. The formal features and different readings of the target kanji, as well as the composition of the kanji compounds and the usage of the target kanji words, are mainly studied on this page. A diagrammatical summary of the kanji words and a passage for practicing reading them in context are also occasionally presented. The strategic presentation of this page is one of the paramount features of this book. The reading is given for every kanji word that is not the target of study in the unit. In reading passages (読み物), however, readings are only given for those kanji words that have not been studied up to that point in the book.

Kanji Ninja (漢字忍者) summarizes everything you have learnt about the kanji and kanji words studied in the preceding five units. The information that the *Kanji Ninja* sections present forms another important part of this book. In cases other than the reading passages (読み物), the reading is given for every kanji word that is not the target of study in the preceding five units.

Quizzes (クイズ) for each of the twenty units are appended to the last part of the book.

Kanji Reference Booklet

The 220 target kanji, followed by the respective kanji words and other relevant information for each kanji entry, are listed in the Reference Booklet in their order of appearance in the twenty units of Part Ⅲ. Each kanji is assigned a serial number in this order. The Reference Booklet should be used as you work through the units in Part Ⅲ. It is also a valuable source of information with which you can check, summarize and expand your knowledge of kanji and kanji words. An index of the 351 target kanji words, as well as individual target kanji and their serial numbers, is also appended to the last part of the booklet.

☐ **How to proceed with the book**

The units in Part Ⅲ do not correspond with the lessons of みんなの日本語初級Ⅰ, because studying kanji is usually delayed until after several lessons of the course book have been studied. Study Part Ⅰ and Part Ⅱ of this book within this period. And begin to study Part Ⅲ after **you have studied up to Lesson 5 or more of the course book**.

Study Units 1 to 5, Units 6 to 10, Units 11 and 12, and Units 13 to 15 after you have studied up to Lesson 5, Lesson 10, Lesson 15, and Lesson 20 of the course book respectively. And thereafter, study each unit after each lesson. This is shown diagrammatically in **When to study the units** on the preceding page.

☐ **Note:**

• The following kanji words are written in kanji plus hiragana in the course book in accordance with Japanese orthography, but are written in hiragana in this book.

難しい→むずかしい，易しい→やさしい，(写真を) 撮る→とる

• そして (and)，でも (but, however) and だから (therefore) are used freely in this book regardless of when or if they appear in the course book.

• The numbers assigned to target kanji in this book are for reference purposes only. You do not need to memorize them.

解　説

□　本書の特徴

　本書は「みんなの日本語初級Ⅰ」の漢字学習書として書かれたものです。しかし、本書の目指すところは、ただ単に同教科書に出てくる漢字や漢字語*を勉強するというものではありません。本書では、個々の漢字や漢字語を学習するだけでなく、一般的な漢字能力と日本語の書き言葉に関する技能の習得をも目指しています。

　漢字を覚えるためには、個々の漢字や漢字語を何回も何回も書いて、読み方を丸暗記するしかない、と考えている人が多いようです。でも、実はそんなことはないと思います。また、漢字というものの体系を基にして漢字の教材が作成されることがありますが、これもあまりいいやり方ではないと思います。というのは、漢字の体系というのはごく部分的な体系であり、またそうしたやり方でいくと、学習者に知らない単語をたくさん覚えさせるという負担を強いてしまいます。**漢字や漢字語はよく知っている言葉や馴染みのある文や文脈の中で学習し、それと並行して漢字や漢字語の体系にも注目するという形で勉強するのがもっとも有効な勉強法だ**と、わたしたちは思います。そのように勉強すれば、学習者は単に一定の数の漢字や漢字語を覚えるだけでなく、一般的な漢字能力の基礎力を形成することができ、また日本語の書き言葉の技能を伸ばすことができます。そして、そうした勉強法は広く日本語学習一般を促進するものとなります。

　以下に解説するように、学習漢字と学習漢字語の選択にあたっては、教科書と旧日本語能力試験の漢字と語彙のリスト（「日本語能力試験出題基準」(1994, 国際交流基金, 凡人社)）を相互に参照しました。そのため、本書は「みんなの日本語初級Ⅰ」の付属漢字教材としてだけでなく、**一般的な基礎漢字教材としても使うことができます。**

＊漢字語 ＝ 表記する際に、漢字で書かれたり、漢字と補足的な平仮名で書かれたりする言
　　　　　 葉を総称して漢字語と呼ぶ。

□　学習漢字と学習漢字語

　本書では、220字の漢字、及び351語の漢字語が学習事項として選ばれています。351の学習漢字語は、いくつかの例外を除き教科書で提示され、かつ日本語能力試験4級の語彙リストに提示されているものです。220の学習漢字はその351の学習漢字語を表記するために必要なものです。次頁に示された12字を例外として（例外4）、残りの208の学習漢字はすべて3級漢字です。本書では**103の4級漢字（入門レベル、あるいは初級前半）**のうち例外5に挙げる2字を除くすべてと、**284の3級漢字（初級レベル）の75%**がカバーされています。

＜例外＞

1. 以下の学習漢字語は、教科書では勉強しませんが、日本語能力試験4級の語彙リストに提示されています。

　　　東、西、南、北、家、毎週、毎月、毎年、同じ、＊今日、＊今年、＊今朝、＊後ろ

　　　＊これらの漢字語は教科書では平仮名で書かれていますが、本書では漢字で書くこととし、学習漢字語としました。

2．以下の学習漢字語は、教科書で勉強しますが、日本語能力試験4級の語彙リストには
　ありません。
　　　会社員、銀行員、止める、高校、下ろします
3．以下の学習漢字は、教科書でも勉強しませんし、日本語能力試験の4級の語彙リスト
　にもありません。
　　　小学校、中学校、小学生、中学生、高校生、大学生
4．以下の学習漢字は、日本語能力試験の2級漢字ですが、学習漢字としました。
　　　晩、達、利、鉄、降、閉、酒、寝、内、奥、部、窓
5．以下の2字は2002年度の『日本語能力試験出題基準』一部改訂により4級漢字になり
　ました。『みんなの日本語初級II漢字』にはとりあげられています。
　　　耳（2級から4級に変更）、空（3級から4級に変更）

□　本書の概要
　　本書は、本冊の3部と付属の参考冊からなっています。以下に各部分の目的と内容を説
明します。

第1部：**Introduction to kanji**（漢字への誘い）
　　第1部の目的は、**日本語の表記システムと漢字の字形と意味的な特徴**を学習者に理解さ
せることです。この部分で学習者は、各種の文字を使って日本語がどのように表記されるか、
またその中で漢字がどのような役割を果たしているかを学びます。さらに学習者は、漢字
という文字のいくつかの重要な特徴も学びます。

第2部：**Introductory lessons**（入門レッスン）
　　第2部では、漢字の字形の側面に焦点を当てます。この部分の学習で学習者が習得する
技能は、漢字を認識したり書いたりするための能力の基礎となります。
　　漢字を整然とスラスラと書けるようになるためには、**漢字固有の心理運動技能**を習得し
なければなりません。そうした技能がないと、実際の役に立つ程度に漢字を書けるように
はまずなりませんし、漢字の勉強はいつまでたってもひどく骨の折れるものとなります。
しかしながらそうした心理運動技能を習得すると、漢字を筆写したり認識したりすること
が、とても楽になります。本書の最も重要な特徴の1つである**漢字のベーシック・ストロー
ク**（*Basic strokes of kanji*）はそうした心理運動技能を習得するために特に準備されたもので
す。そこでは、35の漢字が学習素材として選ばれ、それらをひとつひとつ書いていくこと
で必要な心理運動技能が身につくように配列されています。**35の各漢字を、1つずつ滞り
なくかつ正しい形に書けるようになるまで**練習してください。また、本書で学習を進めて
いて、漢字を書くのがむずかしいと感じたら、**漢字のベーシック・ストローク**に戻って、
もう一度書く練習をしてください。
　　第2部の残りの部分は**漢字の認識練習**です。これらの練習で学習者は、漢字の一般的な
構成としばしば使われる漢字の構成素を知り、漢字を正しく認識する能力を身につけるこ
とができます。

第3部：**Main lessons**（本課）

　第3部が本書の中心的な部分となります。この部分は、**20のユニット**と5課毎に置かれている**漢字忍者**（*Kanji Ninja*）と呼ばれる**4つの復習の課**からなります。それぞれのユニットを勉強する適切な時期とユニットで扱われている学習漢字と学習漢字語を以下に示します。

ユニットをいつ勉強するか

	「みんなの日本語初級Ⅰ」のどのあたりで勉強するのがよいか	ユニットの学習漢字と学習漢字語は教科書のどの課に出ているか
ユニット1 – ユニット5	第5課の後で	第1課から第5課
ユニット6 – ユニット10	第10課の後で	第6課から第10課、あるいは、それより前
ユニット11 – ユニット12	第15課の後で	第11課から第15課、あるいは、それより前
ユニット13 – ユニット15	第20課の後で	第16課から第20課、あるいは、それより前
ユニット16 ユニット17 ユニット18 ユニット19 ユニット20	第21課の後で 第22課の後で 第23課の後で 第24課の後で 第25課の後で	第21課またはそれより前 第22課またはそれより前 第23課またはそれより前 第24課またはそれより前 第25課またはそれより前

　各ユニットは4ページあります。以下に各ページの説明をします。

第1ページ

　ページの一番上にそのユニットで勉強する学習漢字がすべて挙げられています。そして、学習漢字語が関連のあるイラストといっしょに提示されています。漢字語とイラストの関係をよく見て、漢字や漢字語を理解したり記憶したりするための手がかりを探してください。

第2ページと第3ページ：各ユニットのAページとBページ

　学習漢字語を2ページに分けて勉強します。各ページは次の3つの部分からなっています。
Ⅰ．読み方：学習漢字と学習漢字語の提示と認識練習
Ⅱ．書き方：学習漢字の書き方の練習
Ⅲ．使い方：例文の中で学習漢字語を読む練習をします。そのユニットの学習事項になっていない漢字語には振り仮名が振られています。

最後のページ：漢字博士（*Kanji Hakase*）

　このページはユニットのまとめや復習です。学習漢字の字形の特徴や異なる読み方、また熟語の構成や学習漢字語の語法などを主に学習します。漢字語を図式的にまとめたもの

や、漢字語の読み方を練習するための短い文章も、必要に応じて提示しています。このページでいろいろな工夫をして情報を提示しているところが、本書の際だった特徴の1つとなっています。そのユニットの学習事項になっていない漢字語にはすべて振り仮名が振られています。ただし読み物では、本書のそのユニットのところまででまだ勉強していない漢字語にのみ振り仮名が振られています。

漢字忍者（*Kanji Ninja*）では、それまでの5ユニットで勉強した漢字と漢字語の知識を整理しています。**漢字忍者**が提供する情報は本書の内容の重要な部分となっています。**漢字忍者**では、読み物以外では、それまでの5課で学習事項となっていない漢字語にはすべて振り仮名が振られています。

20の各ユニットに対応するクイズが巻末にあります。

参考冊

参考冊には、220の学習漢字と、それを含む漢字語と、その他の関連する情報が提示されています。学習漢字の順番は、本冊第3部の20のユニットで提出される順番と同じになっています。各漢字にはその順番で漢字番号が振られています。参考冊は、第3部のユニットを学習するときに参考にするような形で使ってください。参考冊は、漢字と漢字語の知識を確認したり、まとめたり、拡充したりするのにもたいへん役に立ちます。参考冊の末尾には、351の学習漢字語の索引があり、各学習漢字語に含まれる漢字が漢字番号といっしょに示されています。

☐ 本書の使い方

第3部のユニットは「みんなの日本語初級I」の課と1課ずつ対応しているわけではありません。というのは、通常漢字の学習は教科書の勉強が数課進んでから開始されるからです。ですから、その間に本書の第1部と第2部を勉強してください。そして、**教科書の第5課まであるいはさらにもう少し勉強してから**、第3部の勉強を始めてください。

ユニット1からユニット5は教科書の第5課まで勉強してから、そして、ユニット6からユニット10は第10課まで、ユニット11とユニット12は第15課まで、ユニット13からユニット15は第20課までそれぞれ終わってから勉強してください。そして、その後の部分は、1課進むごとに1ユニット勉強してください。このことは、前のページの「**ユニットをいつ勉強するか**」で、図式的に解説されています。

☐ 注意

- 以下の漢字語は教科書では正書法に則って漢字と平仮名で書かれていますが、本書では平仮名で表記します。

    難しい→むずかしい，易しい→やさしい，（写真を）撮る→とる

- 「そして」「でも」「だから」は教科書での出現の有無にかかわらず、自由に使うこととします。

- 漢字に付されている漢字番号は、本書独自のもので、参照の便宜のためのものです。漢字番号を覚える必要はありません。

目次
もくじ
Contents

Part Ⅲ: Main lessons

参考冊　**Kanji Reference Booklet**
さんこうさつ

　　　Target kanji and kanji words

　　　Index of target kanji words

Part I:

Introduction to kanji

漢字・ひらがな・カタカナ・Rōma-ji

<ruby>漢字<rt>かん じ</rt></ruby>

Kanji, hiragana, katakana and Roman characters

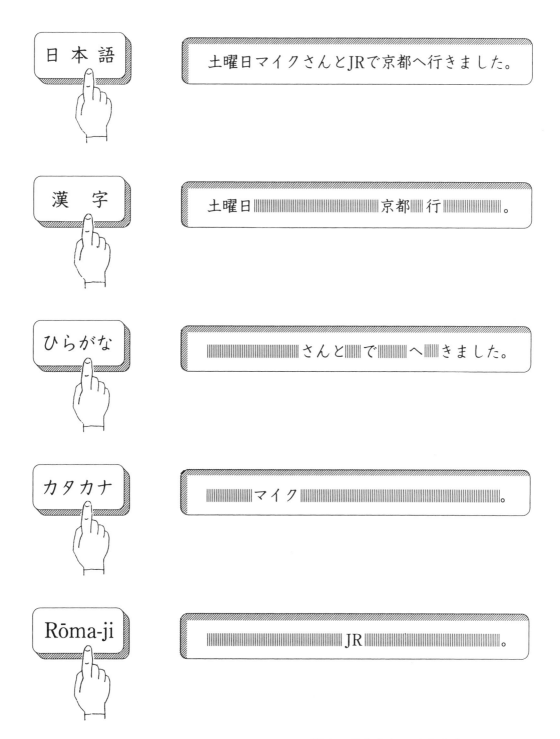

| 日本語 | 土曜日マイクさんとJRで京都へ行きました。 |

| 漢字 | 土曜日‖‖‖‖‖‖‖‖‖‖‖京都‖‖行‖‖‖‖‖‖‖。 |

| ひらがな | ‖‖‖‖‖‖‖‖‖さんと‖‖で‖‖‖へ‖きました。 |

| カタカナ | ‖‖‖‖‖マイク‖‖‖‖‖‖‖‖‖。 |

| Rōma-ji | ‖‖‖‖‖‖‖‖‖‖‖JR‖‖‖‖‖‖‖‖‖‖。 |

漢字はどれですか

かんじ

Which are kanji ?

例： きのう日本語でレポートを書きました。

1． 日曜日の午後、いつもテニスをします。

2． 中国ではラジオで日本語を勉強しました。

3． 来月、新幹線で東京へ行きます。もう切符を買いました。

4． わたしは毎朝7時に喫茶店でコーヒーを飲みます。

5． それから、バスで会社へ行きます。

6． 仕事は忙しいですが、おもしろいです。

7． 12時に会社の食堂で昼ごはんを食べます。

8． 仕事が終わってから、会社の人といっしょに飲みに行きます。

9． お酒が好きです。

同じ漢字はどれですか
おな　　かんじ
Identify the same kanji

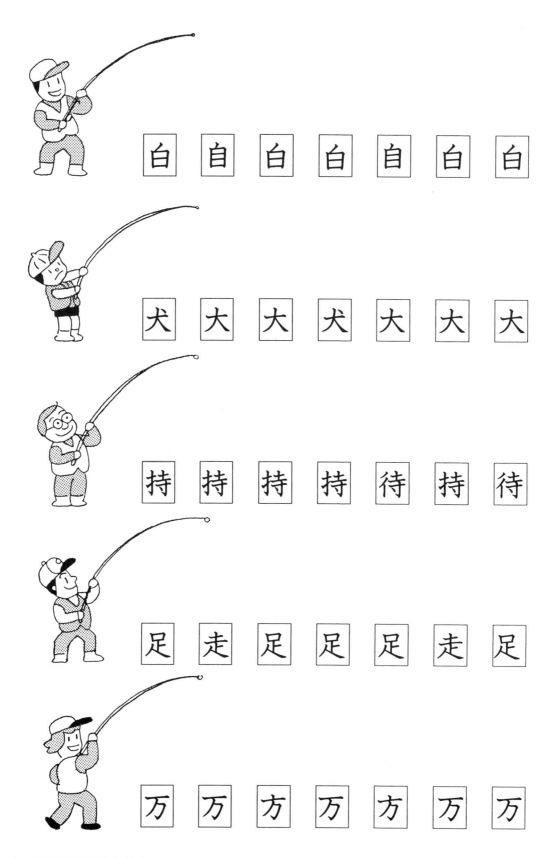

白 自 白 白 自 白 白

犬 大 大 犬 大 大 大

持 持 持 持 待 持 待

足 走 足 足 足 走 足

万 万 方 万 方 万 万

絵から漢字ができました（1）

Kanji are made from pictures（1）

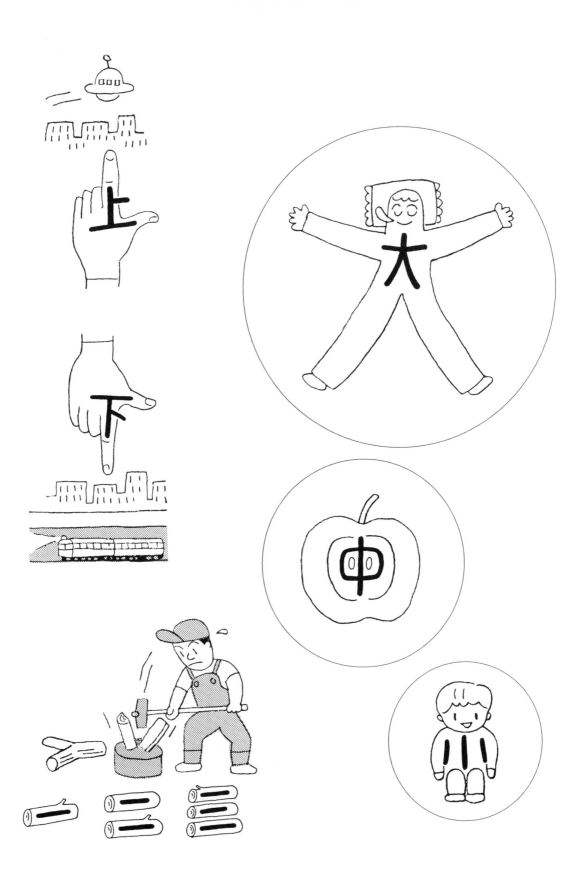

絵から漢字ができました (2)
Kanji are made from pictures (2)

山　　雨　　日　　魚

木　　目　　川　　火

口　　車　　手　　月

田　足　子　天

小　上　人　下

高　中　大　鳥

Part II:

Introductory lessons

漢字のベーシック・ストローク
かんじ
Basic strokes of kanji

Ⅰ. 下の 35 の漢字を、すらすら正確に書けるようになるまで、何度も書く練
した　　　かんじ　　　　　　　　せいかく　か　　　　　　　　　　　　　　なんど　か　れん
習をしてください。(Practice writing the following 35 kanji until you
しゅう
can write them unhaltingly and correctly.)

Ⅱ. 下の漢字のことばを覚えてください。(Memorize the following kanji
した　かんじ　　　　　　おぼ
words.)

1.　一　十　　(straight lines)

| 一
11 | 一 | | 二
12 | 一 | 二 |

一　　*one*
いち

二　　*two*
に

| 三
13 | 一 | 二 | 三 | 十
20 | 一 | 十 |

三　　*three*
さん

十　　*ten*
じゅう

| 土
7 | 一 | 十 | 土 |

土曜日　*Saturday*
どようび

2.　口　日　田　　(square)

| 口
162 | 丶 | 冂 | 口 | 古
66 | 十 | 古 | 古 | 古 |

口　　*mouth*
くち

古い　*old*
ふる

| 日
1 | 丨 | 冂 | 冃 | 日 | 目
163 | 丨 | 冂 | 冃 | 目 |

日曜日　*Sunday*
にちようび

目　　*eye*
め

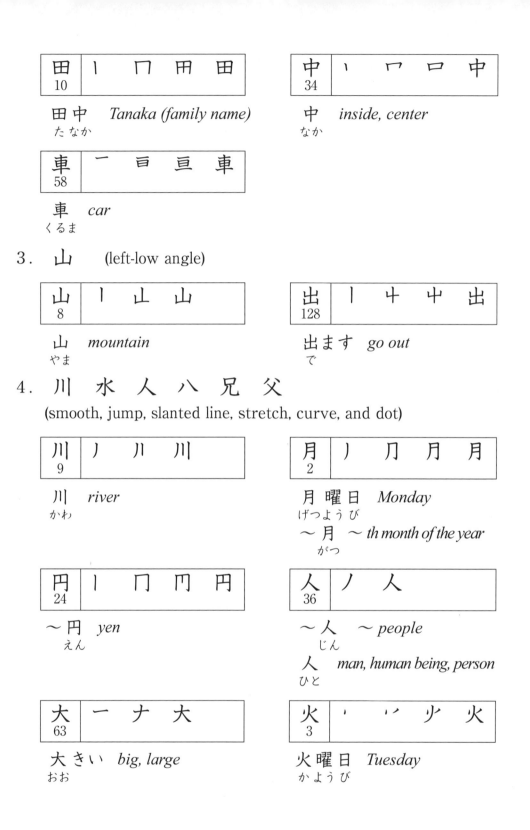

田 10	丨	冂	田	田

田中 *Tanaka (family name)*
たなか

中 34	丨	宀	口	中

中 *inside, center*
なか

車 58	一	冃	亘	車

車 *car*
くるま

3. 山 (left-low angle)

山 8	丨	凵	山

山 *mountain*
やま

出 128	丨	屮	屮	出

出ます *go out*
で

4. 川 水 人 八 兄 父
(smooth, jump, slanted line, stretch, curve, and dot)

川 9	ノ	川	川

川 *river*
かわ

月 2	ノ	刀	月	月

月曜日 *Monday*
げつようび
〜月 *〜th month of the year*
がつ

円 24	丨	冂	冊	円

〜円 *yen*
えん

人 36	ノ	人

〜人 *〜people*
じん
人 *man, human being, person*
ひと

大 63	一	ナ	大

大きい *big, large*
おお

火 3	丶	⺌	少	火

火曜日 *Tuesday*
かようび

八 18	ノ 八

八　*eight*
はち

分 42	ノ 八 分 分

〜分　*minute(s)*
ふん／ぷん

父 73	ノ 八 グ 父

父　*(my) father*
ちち

小 64	亅 小 小

小さい　*small, little*
ちい

少 136	亅 小 小 少

少ない　*few, little*
すく

水 4	亅 オ オ 水

水曜日　*Wednesday*
すいようび
水　*water*
みず

木 5	一 十 オ 木

木曜日　*Thursday*
もくようび
木　*tree*
き

本 33	一 十 木 本

本　*book*　　日本　*Japan*
ほん　　　　　にほん

東 154	一 百 申 東

東京　*Tokyo*　東　*east*
とうきょう　　　ひがし

京 158	ヽ 亠 古 京

東京　*Tokyo*
とうきょう

見 95	冂 目 貝 見

見ます　*see, look, watch*
み

先 27	ノ 生 牛 先

先生　*teacher*
せんせい

先生　*teacher*
せんせい

子ども　*child*
こ

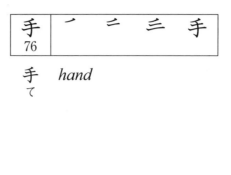

手　*hand*
て

漢字の読み方
かんじ　　よ　　かた
Kanji recognition practice

「漢字のベーシック・ストローク」の35漢字＋四、五、六、七、九、曜、金
　かんじ　　　　　　　　　　　　　　　　かんじ

下の漢字のことばを覚えるまで練習してください。
した　かんじ　　　　　　　おぼ　　　　れんしゅう
(Practice reading the following kanji words until you remember them.)

1.　一　　　二　　　三　　　四　　　五
　　いち　　　に　　　さん　　し／よん　　ご

　　六　　七　　八　　九　　十
　　ろく　しち／なな　はち　きゅう／く　じゅう

2.　30円　　　500円　　　7,000円　　　40,000円
　　さんじゅうえん　　ごひゃく　　　ななせん　　　　よんまん

3.　1月　27　日　　　4月　16　日　　　10月　31　日
　　いち　がつ　にじゅうしちにち　　し　じゅうろく　　じゅう　さんじゅういち

4.　日曜日　　　月曜日　　　火曜日　　　水曜日
　　にちようび　　げつ　　　　か　　　　すい

　　木曜日　　　金曜日　　　土曜日
　　もく　　　　きん　　　　ど

5.　5分　　　10分　　　15分　　　20分　　　30分
　　ごふん　じゅっぷん　じゅうごふん　にじゅっぷん　さんじゅっぷん

6.　口　　　目　　　手
　　くち　　め　　　て

　　口の中　　　目の中　　　手の中
　　　なか

7. 車　　本　　水
　　くるま　ほん　みず

　　車の中　　本の中　　水の中
　　　　なか

8. 大きい口　　大きい目　　大きい手
　　おお　　くち　　　　　　　め　　　　　　　て

　　小さい口　　小さい目　　小さい手
　　ちい

9. 東京　　日本　　東アジア
　　とうきょう　に　ほん　ひがし

10. 日本人　　タイ人　　ブラジル人
　　に　ほんじん

11. 田中さん　　山田さん
　　た　なか　　　やま　だ

　　田中先生　　山田先生
　　せんせい

12. 山　　川　　木
　　やま　かわ　　き

13. 父 と 子ども
　　ちち　　こ

14. あしたは土曜日です。　Tomorrow is Saturday.
　　　　　　ど　よう　び

15. 人が少ないです。　There are few people.
　　ひと　すく

16. 父は日本人です。　My father is a Japanese.
ちち　にほんじん

わたしはアメリカ人です。　I am an American.

17. 田中さんの車は大きいです。　Mr. Tanaka's car is big.
たなか　くるま　おお

わたしの車は小さいです。　My car is small.
ちい

18. レストランを出ます。　We will leave the restaurant.
で

19. テレビを見ました。　I watched television.
み

20. 本を見てください。　Please look at your book.
ほん　み

漢字を切る！　（1）
かんじ き
Divide the kanji!　（1）

例*1. 休
れい

例2. 青
れい

1. 外

2. 好

3. 新

4. 花

5. 前

6. 駅

7. 電

8. 音

9. 行

10. 思

---

*例　example
れい

漢字を切る！ （2）
かんじ き

Divide the kanji! （2）

例1. 秋 ：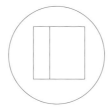

例2. 国 ：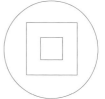

1. 校 ：

2. 夜 ：

3. 週 ：

4. 同 ：

5. 歩 ：

6. 店 ：

7. 図 ：

8. 画 ：

9. 旅 ：

10. 窓 ：

11. 間 ：

12. 勉 ：

同じ形がありますか
おな　　　かたち
Identify the same component

例1. 体 ： 何 使 社
れい

例2. 金 ： 会 分 今
れい

1. 安 ： 学 家 字

2. 曜 ： 晩 明 服

3. 時 ： 待 帰 持

4. 近 ： 建 運 道

5. 元 ： 買 兄 先

6. 茶 ： 英 前 花

7. 間 ： 開 円 閉

8. 店 ： 広 右 度

9. 酒 ： 持 海 漢

10. 員 ： 買 魚 貸

Part III:
Main lessons

日 月 火 水 木 金 土 山 川 田

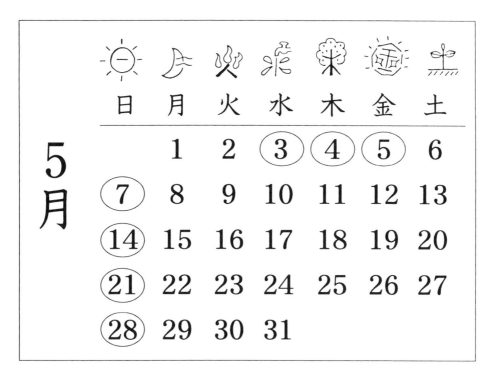

Ⅰ. 読み方

1. 日曜日　　月曜日　　火曜日　　水曜日　　木曜日
　　にちようび　　げつようび　　かようび　　すいようび　　もくようび

Ⅱ. 書き方

日	丨	冂	日	日
月	丿	刀	月	月
火	丶	丷	少	火
水	丁	才	才	水
木	一	十	才	木

Ⅲ. 使い方

1. 今日は月曜日です。あしたは火曜日です。
　　きょう

　　あさっては水曜日です。木曜日はわたしの誕生日です。
　　　　　　　　　　　　　　　　　　　　　　たんじょうび

2. 今日は日曜日です。休みです。昼、12時に起きました。
　　きょう　　　　　　　　　やす　　　ひる　　　じ　お

　　あしたは月曜日です。6時に起きます。

　　月曜日から金曜日まで毎朝6時に起きます。
　　　　　　きんようび　　まいあさ

3. A：火曜日に大阪デパートへ行きます。
　　　　　　　　おおさか　　　い

　　B：大阪デパートは火曜日、休みですよ。
　　　　　　　　　　　　　　　やす

28—ユニット1

1-B 　　金　土　山　川　田
6　　7　　8　　9　　10

Ⅰ. 読み方

1. 金曜日　　土曜日
   きんようび　どようび

2. 山田さん　　山川さん　　田中さん　　中川さん
   やまだ　　　やまかわ　　たなか　　　なかがわ

Ⅱ. 書き方

金	ノ	ヘ	今	仐	仐	金	金
土	一	十	土				
山	丨	屮	山				
川	ノ	川	川				
田	丨	冂	冂	田	田		

Ⅲ. 使い方

1. わたしは山田です。IMC の社員です。
   　　　　　　　　　　　　　　　　しゃいん

2. 月曜日から金曜日まで働きます。土曜日と日曜日は休みです。
   げつようび　　きんようび　　はたら　　　　　　　　　にちようび　やす

3. あの方は山川さんです。中川さんの友達です。
   　　かた　　　　　　　　　　　　　　ともだち

4. 土曜日は山川さんの誕生日です。
   　　　　　　　　　　たんじょうび

   土曜日の午後、山川さんのうちへ行きます。
   　　　ごご　　　　　　　　　　い

   田中さんと行きます。

5. A：金曜日、何時にうちへ帰りましたか。
   　　　　　なんじ　　　かえ

   B：金曜日は帰りませんでした。土曜日の朝、帰りました。
   　　　　　　　　　　　　　　　　　　あさ

1 漢字博士
はかせ

Ⅰ. タスク*

1. 田 中さん　　田 口さん
（　）なか　　　（た）ぐち

2. 山 田 さん　　上 田 さん
やま（　）　　　うえ（だ）

Ⅱ. タスク：だれの手帳ですか。
て ちょう

月	アップル銀行
火	
水	
木	
金	3:00　IMC
土	みどり図書館
日	

月	さくら大学
火	アップル銀行
水	さくら大学
木	
金	さくら大学
土	みどり図書館
日	

月	東京
火	東京
水	
木	
金	3:00　8F 会議室
土	
日	デパート

1.（　田中さん　）　2.（　　　　　）　3.（　　　　　）

田中さん：　月曜日にアップル銀行へ行きます。
　　　　　　ぎんこう　い

　　　　　　金曜日の3時にIMCへ行きます。
　　　　　　じ

　　　　　　土曜日にみどり図書館へ行きます。
　　　　　　　　　　　と しょかん

山田さん：　月曜日に東京へ行きます。火曜日に帰ります。
　　　　　　とうきょう　い　　　　　　　　　かえ

　　　　　　金曜日の3時に8階の会議室へ行きます。
　　　　　　じ　　かい　かい ぎ しつ

　　　　　　日曜日に家族とデパートへ行きます。
　　　　　　か ぞく

山川さん：　月曜日と水曜日と金曜日にさくら大学へ行きます。
　　　　　　　　　　　　　　　　　　　　だいがく　い

　　　　　　火曜日にアップル銀行へ行きます。
　　　　　　　　　　　ぎんこう

　　　　　　土曜日にみどり図書館へ行きます。
　　　　　　　　　　　と しょかん

---

*タスク　task　　解答　answers　Ⅰ. 1. た　2. だ　Ⅱ. 2. 山川さん　3. 山田さん
　　　　　　　　かいとう

一 二 三 四 五 六 七 八 九 十 百 千 万 円

2-A

一	二	三	四	五	六	七
11	12	13	14	15	16	17

Ⅰ. 読み方
よ　　かた

1. 一　　二　　三　　四　　五　　六　　七
いち　　に　　さん　し／よん　ご　　ろく　しち／なな

2. 一月　　二月　　三月　　四月　　五月　　六月　　七月
いちがつ　にがつ　さんがつ　しがつ　ごがつ　ろくがつ　しちがつ

3. 一日　　二日　　三日　　四日　　五日　　六日　　七日
ついたち　ふつか　みっか　よっか　いつか　むいか　なのか

4. 一月一日　　三月三日　　五月五日　　七月七日
いちがつついたち　さんがつみっか　ごがついつか　しちがつなのか

Ⅱ. 書き方
か　　かた

一	一			二	一	二	
三	一	二	三	四	冂	四	四
五	フ	五	五	六	＇	亠	六
七	一	七					

Ⅲ. 使い方
つか　かた

1. 今日は四月四日です。大学は六日まで休みです。
きょう　　　　　　　　　だいがく　　　　　　　やす

2. 六月に北海道へ行きます。五日から行きます。
　　　ほっかいどう　い

3. 去年の三月六日に日本へ来ました。来月の三日に国へ帰ります。
きょねん　　　　　　にほん　き　　　　らいげつ　　　　くに　かえ

4. 一月一日はどこも行きませんでした。二日に京都へ行きました。
　　　　　　　　　い　　　　　　　　　　　　　きょうと

5. 山川さんの誕生日は七月七日です。七日の晩、山川さんのうち
やまかわ　　　たんじょうび　　　　　　　　　ばん

へ行きます。
い

32—ユニット2

Ⅰ. 読み方（よみかた）

1. 八　　九　　十
   はち　きゅう／く　じゅう

2. 百　　二百　　三百　　四百　　五百　　六百　　七百
   ひゃく　にひゃく　さんびゃく　よんひゃく　ごひゃく　ろっぴゃく　ななひゃく

   八百
   はっぴゃく

3. 千　　三千　　五千　　六千　　七千　　八千　　九千　　一万
   せん　さんぜん　ごせん　ろくせん　ななせん　はっせん　きゅうせん　いちまん

4. 八月　　九月　　十月　　十一月　　十二月
   はちがつ　くがつ　じゅうがつ　じゅういちがつ　じゅうにがつ

5. 八日　　九日　　十日　　十一日　　十四日　　二十日
   ようか　ここのか　とおか　じゅういちにち　じゅうよっか　はつか

   二十四日
   にじゅうよっか

6. 一円　　十円　　百円　　千円　　一万円　　百万円
   いちえん　じゅうえん　ひゃくえん　せんえん　いちまんえん　ひゃくまんえん

Ⅱ. 書き方（かきかた）

八	ノ	八	九	ノ	九
十	一	十	百	一	丆	百
千	ノ	二	千	万	一	丆	万
円	冂	冂	円			

Ⅲ. 使い方（つかいかた）

1. A：このコンピューターは、いくらですか。

   B：<u>十七万円</u>です。

2. A：このワインは<u>九千円</u>です。これは<u>千九百円</u>です。

   B：千九百円のをください。

2 漢字博士
はかせ

I. まとめ*

1.　　　1 2 3 4 5

万	1 0 0 0 0	一万		いちまん
千	2 0 0 0	二千		にせん
百	3 0 0		三百	さんびゃく
十	4 0		四十	よんじゅう
一	5		五	ご

一万二千三百四十五

2.　　　6 7 8 9 0 1

万	6 7 0 0 0 0	六十七万		ろくじゅうななまん
千	8 0 0 0	八千		はっせん
百	9 0 0		九百	きゅうひゃく
十	0 0			
一	1		一	いち

六十七万八千九百一

II. タスク

1. 一月一日 　　（　いちがつついたち　）　…　1月1日
2. 二月十四日　（　　　　　　　　　　　）　…　2月14日
3. 三月三日 　　（　　　　　　　　　　　）　…　3月3日
4. 五月五日 　　（　　　　　　　　　　　）　…　5月5日
5. 七月七日 　　（　　　　　　　　　　　）　…　7月7日
6. 十二月二十五日（　　　　　　　　　　　）　…　12月25日
7. 　　月　　日　（　わたしの誕生日　　　）　…
　　　　　　　　　　　　　　たんじょうび

1. お正月　New Year's Day　　2. バレンタインデー　St. Valentine's Day
　　しょうがつ
3. ひな祭り　Doll's Festival　　4. 子どもの日　Children's Day
　　　　まつ　　　　　　　　　　　　こ
5. 七夕　Star Festival　　6. クリスマス　Christmas
　たなばた

---

*まとめ　summary　　　解答　II. 2. にがつじゅうよっか　3. さんがつみっか
　　　　　　　　　　かいとう
4. ごがついつか　5. しちがつなのか　6. じゅうにがつにじゅうごにち

学生先会社員医者本中国人

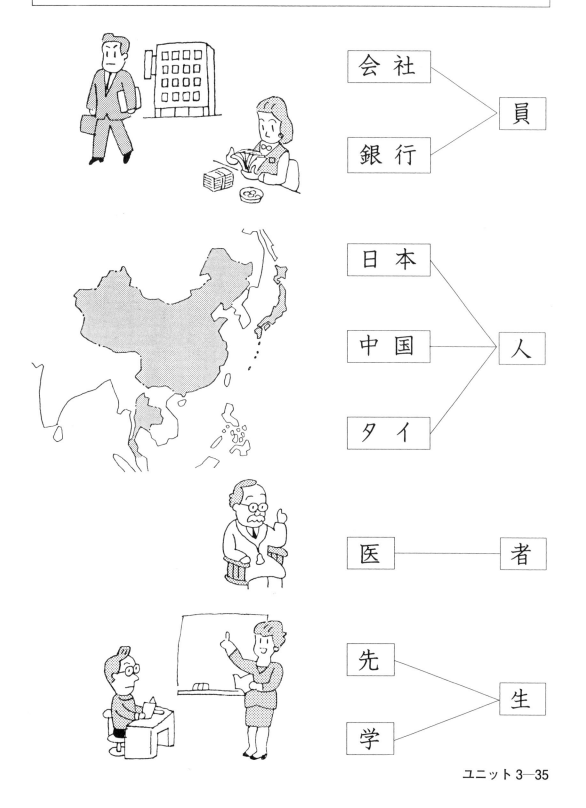

会社 ＼
　　　　＞ 員
銀行 ／

日本 ＼
中国 ―― 人
タイ ／

医 ―― 者

先 ＼
　　＞ 生
学 ／

3-A

I. 読み方
<ruby>読<rt>よ</rt></ruby>み<ruby>方<rt>かた</rt></ruby>

1. 学生　　さくら大学の学生
   がくせい　　だいがく　がくせい

2. 先生　　さくら大学の先生
   せんせい　　だいがく　せんせい

3. 先月
   せんげつ

4. 会社　　わたしの会社
   かいしゃ　　かいしゃ

5. 会社員　　銀行員
   かいしゃいん　ぎんこういん

II. 書き方
<ruby>書<rt>か</rt></ruby>き<ruby>方<rt>かた</rt></ruby>

学	ˮ	ˮˮ	ˮˮˮ	兴	学	学	学
生	ノ	ヒ	牛	牛	生		
先	ノ	ヒ	牛	生	牜	先	
会	ノ	入	仒	会	会	会	
社	ˋ	ラ	ネ	ネ	ネ	社	社
員	冖	口	冎	冒	冒	員	員

III. 使い方
<ruby>使<rt>つか</rt></ruby>い<ruby>方<rt>かた</rt></ruby>

1. 山田さんは会社員です。山田さんの会社はコンピューターの会
   やまだ

   社です。

2. 田中さんは銀行員です。山川さんは日本語の先生です。
   たなか　　　　　　　　　やまかわ　にほんご

   田中さんと山川さんは友達です。
   ともだち

3. わたしはさくら大学の学生です。先月、中川先生のうちへ行き
   なかがわ　　　　　　い

   ました。

Ⅰ. 読み方 _{よ かた}

1. 医者 _{いしゃ}

2. 本   わたしの本 _{ほん}   _{ほん}

3. 日本 _{にほん}

4. 田中さん   中川さん _{たなか}   _{なかがわ}

5. 国   わたしの国 _{くに}   _{くに}

6. 中国 _{ちゅうごく}

7. あの人   会社の人 _{ひと}   _{かいしゃ ひと}

8. 日本人   中国人 _{にほんじん}   _{ちゅうごくじん}

Ⅱ. 書き方 _{か かた}

医	一	ㄤ	ㄸ	医	圧	矢	医
者	十	土	夬	耂	者	者	者
本	一	十	才	木	本		
中	丶	口	口	中			
国	丨	冂	冂	冃	国	国	国
人	ノ	人					

Ⅲ. 使い方 _{つか かた}

1. A：お国はどちらですか。

   B：中国です。先月、日本へ来ました。 _{せんげつ}   _き

2. わたしは医者です。中国人です。

3. あの人は田中さんです。IMC の人です。

4. これはコンピューターの本です。中川さんの本です。

3 漢字博士
はかせ

I. タスク

員　人　者　生

1. 会社 ＞ 員
   社
   しゃ

2. 医 ＞ □
   研究
   けんきゅう

3. 先 ＞ □
   学

4. 中国
   日本 ＞ □
   アメリカ

II. タスク

1. 韓国　　　国際電話*1)
   かん（こく）（こく）さいでんわ

2. 中国
   （　）

3. お国　　わたしの国
   （　）（くに）

III. タスク

1. 3人*2)　2. あの人　3. 日本人
   （にん）（　）（　）

IV. タスク：毎日、どこへ行きますか。
まいにち　い

1. 先生　・　　　・a. 病院
   　　　　　　　　　　びょういん
2. 医者　・　　　・b. 大学
3. 学生　・　　　・c. 会社
4. 会社員・

---

*1) 国際電話 international phone call *2) 3人 three persons 解答 I. 2. 者 3. 生
こくさいでんわ　　　　　　　　　にん　　　　　　　　　　かいとう
4. 人 II. 2. ごく 3. くに III. 2. ひと 3. じん IV. 2. a 3. b 4. c

38—ユニット3

今 朝 昼 晩 時 分 半 午 前 後 休 毎 何

朝　　　　　　昼　　　　　　晩

4-A	今 朝 昼 晩 時 分 半
	37　38　39　40　41　42　43

Ⅰ. 読み方

1. 今
   いま

2. 今日　今週　今月　今年
   きょう　こんしゅう　こんげつ　ことし

3. 朝　昼　晩
   あさ　ひる　ばん

4. 今朝　今晩
   けさ　こんばん

5. 1時　4時5分　9時10分　10時半
   じ　じ　ふん　じ　ぷん　じ　はん

Ⅱ. 書き方

今	ノ	人	仐	今		
朝	一	十	吉	車	朝	朝	朝
昼	⺄	⼦	尸	尺	尽	昼	昼
晩	日	日′	日″	晚	晚	晚	晚
時	日	日一	日十	昨	昨	時	時
分	ノ	八	分	分		
半	丶	丷	丷	半	半		

Ⅲ. 使い方

1. 来週、中国へ行きます。月曜日の朝、行きます。
   らいしゅう　ちゅうごく　い　　　　げつようび

2. きのうの晩、10時に寝ました。今朝、4時半に起きました。
   ばん　　　　ね　　　　けさ　　　　お

3. 今、5時半です。今日、6時20分の新幹線で東京へ行きます。
   いま　　　　きょう　　　　　しんかんせん　とうきょう　い

4. 今月、毎晩10時まで働きました。日曜日も働きました。
   こんげつ　まいばん　　　　はたら　　　にちようび　はたら

I. 読み方
_{よ かた}

1. 午前　　午前9時
_{ごぜん}　_{ごぜん じ}

2. 午後　　午後4時
_{ごご}　_{ごご じ}

3. 休み　　昼休み
_{やす}　_{ひるやす}

4. 休みます
_{やす}

5. 毎日　　毎週*1)　毎月*2)　毎年*3)
_{まいにち}　_{まいしゅう}　_{まいつき}　_{まいとし／まいねん}

6. 毎朝　　毎晩
_{まいあさ}　_{まいばん}

7. 何ですか　　何の本ですか　　何時ですか　　何月何日ですか
_{なん}　_{なん ほん}　_{なん じ}　_{なんがつなんにち}

II. 書き方
_{か かた}

午	ノ	̇	二	午		
前	丶	丷	丷	前	前	前	前
後	ノ	彳	彳	徨	移	移	後
休	ノ	イ	仁	什	付	休	
毎	ノ	̇	仁	匂	勹	毎	
何	ノ	イ	仁	仃	佰	佰	何

III. 使い方
_{つか かた}

1. A：食堂は何時から何時までですか。
_{しょくどう}

　　B：午前11時から午後2時までです。

2. 今日、銀行へ行きます。会社は午後5時までです。銀行は午後
_{きょう}　_{ぎんこう い}　_{かいしゃ}

　　3時までです。昼休みに銀行へ行きます。

3. 土曜日、どこも行きません。休みます。昼まで寝ます。
_{どようび}　_い　_{やす}　_{ひる ね}

---

*1) 毎週　every week　*2) 毎月　every month　*3) 毎年　every year
_{まいしゅう}　_{まいつき}　_{まいとし／まいねん}

4 漢字博士
はかせ

Ⅰ. まとめ

	～年 ねん	～月 げつ	～週 しゅう	～日 び	～朝 あさ	～晩 ばん
今～ こん	今年 ことし	今月 こんげつ	今週 こんしゅう	今日 きょう	今朝 けさ	今晩 こんばん
毎～ まい	毎年 まいとし	毎月 まいつき	毎週 まいしゅう	毎日 まいにち	毎朝 まいあさ	毎晩 まいばん

Ⅱ. タスク

1. 5 分
（ふん）　　2. 15 分
（らん）　　3. 10 分
ぷん　　4. 20 分
（ぷん）

Ⅲ. タスク

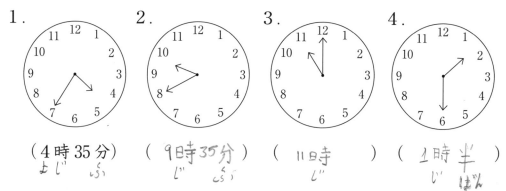

1. （4時35分）
よじ　ふん

2. （9時35分）
じ　ふん

3. （11時）
じ

4. （1時半）
じ　ばん

Ⅳ. タスク

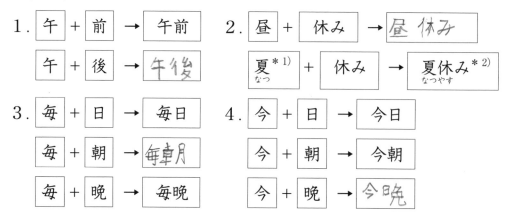

1. 午 + 前 → 午前　　　　2. 昼 + 休み → 昼休み
   午 + 後 → 午後　　　　　夏*1) + 休み → 夏休み*2)
なつ　　　　　　　　　　なつやす

3. 毎 + 日 → 毎日　　　　4. 今 + 日 → 今日
   毎 + 朝 → 毎朝　　　　　今 + 朝 → 今朝
   毎 + 晩 → 毎晩　　　　　今 + 晩 → 今晩

---

*1) 夏　summer　*2) 夏休み　summer vacation　　解答　Ⅱ. 2. ふん　3. ぷん　4. ぷん
なつ　　　　　　なつやす　　　　　　　　　　かいとう

Ⅲ. 2. 9時40分　3. 11時　4. 1時半／1時30分　Ⅳ. 1. 午後　2. 昼休み　3. 毎朝

4. 今晩

行 来 校 週 去 年 駅 電 車 自 転

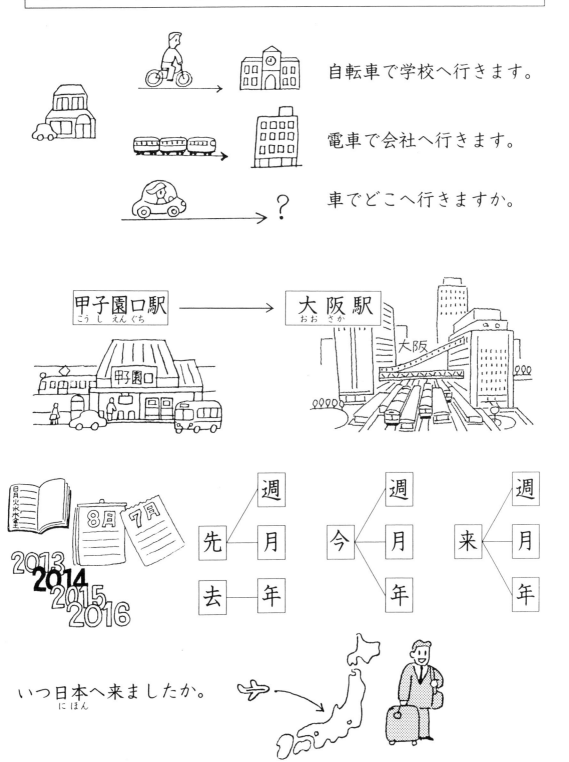

自転車で学校へ行きます。

電車で会社へ行きます。

車でどこへ行きますか。

甲子園口駅
こうしえんぐち → 大阪駅
おおさか

先	週
	月
去	年

	週
今	月
	年

	週
来	月
	年

いつ日本へ来ましたか。
にほん

Ⅰ. 読み方
<small>よ　かた</small>

1. 行きます　　銀行へ行きます
<small>い　　　　　ぎんこう　い</small>

2. 来ます　　日本へ来ました
<small>き　　　　にほん　き</small>

3. 学校　　学校へ行きます
<small>がっこう　がっこう　い</small>

4. 先週　　今週　　来週
<small>せんしゅう　こんしゅう　らいしゅう</small>

5. 去年　　今年　　来年
<small>きょねん　ことし　らいねん</small>

6. 来週　　来月　　来年
<small>らいしゅう　らいげつ　らいねん</small>

Ⅱ. 書き方
<small>か　かた</small>

行	′	彳	彳	行	行	行
来	一	一	一	平	平	来
校	十	木	村	杧	栌	校
週	ノ	刀	円	周	周	週
去	一	十	土	去	去	
年	′	′	乍	年	年	年

Ⅲ. 使い方
<small>つか　かた</small>

1. ワンさんは中国人です。去年、日本へ来ました。
<small>ちゅうごくじん　　　きょねん　にほん　き</small>

2. 今年は中国へ帰りませんでした。来年は帰ります。
<small>ことし　ちゅうごく　かえ　　　　　　らいねん　かえ</small>

3. 来月、日本へ行きます。来月から日本語学校の学生です。
<small>らいげつ　にほん　い　　　らいげつ　にほんご　がっこう　がくせい</small>

4. 今週まで学校は休みです。来週から学校へ行きます。
<small>こんしゅう　がっこう　やす　　　　らいしゅう　がっこう　い</small>

5. 先週の日曜日、京都へ行きました。友達と電車で行きました。
<small>せんしゅう　にちようび　きょうと　い　　　　ともだち　でんしゃ　い</small>

　わたしは大阪駅へ9時に行きました。友達は10時に来ました。
<small>おおさかえき　じ　い　　　　　　　　　き</small>

5-B 　　駅　電　車　自　転

56　57　58　59　60

I．読み方 (よみかた)

1. 駅　東京駅
えき　とうきょうえき

2. 電車
でんしゃ

3. 自転車
じてんしゃ

4. 車
くるま

II．書き方 (かきかた)

駅	丨	厂	厂	馬	馬	馭	駅
電	一	广	帀	帀	帀	雪	電
車	一	厂	冂	目	百	亘	車
自	丿	丨	冂	白	自	自	
転	一	目	亘	車	軒	転	転

III．使い方 (つかいかた)

1. A：あれは山田さんの車ですか。
やまだ

　　B：ええ。今日は車で来ました。
きょう　　　き

2. わたしは自転車で学校へ来ます。友達は電車で来ます。
がっこう　き　　ともだち

3. 来週、東京へ行きます。新大阪駅まで地下鉄で行きます。
らいしゅう　とうきょう　い　　しんおおさか　　ちかてつ

　　東京駅まで新幹線で行きます。
しんかんせん

4. わたしは日曜日、一人で京都へ行きました。電車で行きました。
にちようび　ひとり　きょうと　い

　　友達は日曜日、彼と京都へ行きました。車で行きました。
ともだち　　かれ

ユニット 5—45

5 漢字博士
はかせ

Ⅰ. タスク：読み方が違うのはどれですか。* 1)
よ かた ちが

1. a. 今晩　　　　b. 今週　　　　ⓒ 今

2. a. 来月　　　　b. 来週　　　　c. 来ます

3. a. 去年　　　　b. 今年　　　　c. 来年

4. a. 今月　　　　b. 5月　　　　c. 月曜日

Ⅱ. タスク

1. | 先 | 今 | 来 | + 週 → | 先週 | 今週 | |

2. | 先 | 今 | 来 | + 月 → | | 今月 | 来月 |

3. | 去 | 今 | 来 | + 年 → | 去年 | | 来年 |

Ⅲ. タスク

1. | あした | 、 | ⌐ ⌐ ⌐ | で | 図書館 | へ行きます。
としょかん

2. | 毎朝 | 、 | 電車 | で | ⌐ ⌐ ⌐ | へ行きます。
まいあさ

3. | ⌐ ⌐ ⌐ | 、 | 飛行機 | で | 日本 | へ来ました。
ひこうき にほん

自転車

去 年

学 校

Ⅳ. 読み物* 2)
よ もの

─── 金曜日 ───

　ここは学校です。わたしはバスで来ます。友達は自転車で来
ともだち
ます。わたしたちの* 3)先生は車で来ます。今、8時20分です。
勉強は8時半からです。今日、勉強は3時半までです。あした
べんきょう
は土曜日です。あした、山川さんと京都へ行きます。
きょうと

─────────────────────────────

* 1) 読み方が違うのはどれですか。Which is read differently?　* 2) 読み物　reading material
よ かた ちが　　　　　　　　　　　　　　　　　　　　　　　　よ もの
* 3) わたしたちの　our　解答　Ⅰ. 2. c　3. b　4. b　Ⅱ. 1. 来週　2. 先月　3. 今年
かいとう
Ⅲ. 1. 自転車　2. 学校　3. 去年

46—ユニット 5

漢字忍者1
にんじゃ

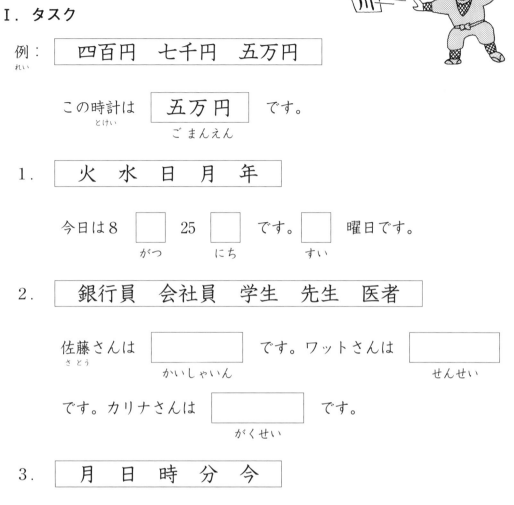

Ⅰ. タスク

例: │ 四百円　七千円　五万円 │
れい

この時計は │ 五万円 │ です。
とけい　　　　ご　まんえん

1. │ 火　水　日　月　年 │

今日は8 □ 25 □ です。 □ 曜日です。
　　　　　がつ　　　にち　　　　　　すい

2. │ 銀行員　会社員　学生　先生　医者 │

佐藤さんは │　　　　│ です。ワットさんは │　　　　│
さとう　　　かいしゃいん　　　　　　　　　　　せんせい

です。カリナさんは │　　　　│ です。
　　　　　　　　　　　がくせい

3. │ 月　日　時　分　今 │

A: □ 、何時ですか。
　　いま

B: 12 □ 15 □ です。
　　　　じ　　　ふん

4.　| 今日　今朝　今晩 |

　　あしたは休みです。　[　　　　　　]　から彼女と 京 都へ行きます。
　　　　　　　　　　　　　こんばん　　　　かのじょ　きょうと

5.　| 電車　自転車　車 |

　　毎日、学校へ行きます。駅まで　[　　　　　　]　で行きます。
　　　　　　　　　　　　　　　　　　じてんしゃ

　　駅から　[　　　　　]　で行きます。
　　　　　　　でんしゃ

6.　| 去年　今年　来年 |

　　[　　　　　　]　の４月に日本へ来ました。
　　　ことし

　　| 先週　今週　来週 |

　　[　　　　　　]　、中国へ帰ります。
　　　らいしゅう　　　　かえ

Ⅱ. まとめ：漢字の 形 *1)
　　　かんじ　かたち

　　　タスク：漢字を書いてください*2)。
　　　　　　　かんじ　か

1. 前　前　員　~~毎~~　去　学　電

　　　例：わたしは　毎　日、7時に起きます。
　　　れい　　　　　　まい　にち　　　　　　　　　お

　　1)　□　年の6月に日本へ来ました。
　　　　　きょ　ねん

　　2)　□　車で会社へ行きます。
　　　　　でん　しゃ

　　3)　□　校は8時半から3時までです。
　　　　　がっ　こう

2. 晩　晩　休　行　後　朝　転

　　1)　毎　□　、11時に寝ます。
　　　　まい　ばん　　　　　ね

　　2)　今日の午　□　、東京へ　□　きます。
　　　　　　　　　ご　ご　　とうきょう　　い

　　3)　会社は日曜日、　□　みです。
　　　　　　　　　　　　　やす

---

*1) 形 structure　　*2) 書いてください。　Please write.
　　かたち　　　　　　　　か

Ⅲ. 読み物

わたしはチャンです。先月、中国から来ました。今、さくら大学の学生です。

わたしは月曜日から金曜日まで大学へ行きます。自転車で行きます。午前、8時50分から12時まで勉強します。昼休みに友達と大学の食堂へ行きます。午後、1時から4時10分まで勉強します。

土曜日と日曜日は休みです。先週の土曜日、一人で図書館へ行きました。来週の日曜日、日本人の友達と山*へ行きます。

---

*山 mountain

ユニット6

高 安 大 小 新 古 青 白 赤 黒

高いですね。

1000円

250円

安いですね。

大きいプレゼントをもらいました。　　小さいプレゼントをもらいました。

新しい　　　　　　　　　古い

青い？　　　白い？　　　赤い？　　　黒い？

ユニット6—51

6-A 　高　安　大　小
_{61　　62　　63　　64}

I. 読み方_{よ　かた}

1. 高い山_{たか　やま}
2. 高いカメラ　　安いカメラ_{たか　　　　　やす}
3. 大学　　大学生*_{だいがく　　だいがくせい}
4. 大きい町　　小さい町_{おお　　まち　　ちい　　まち}

II. 書き方_{か　かた}

高	`	ー	亠	古	戸	高	高
安	`	`	宀	灾	安	安	
大	一	ナ	大				
小	亅	小	小				

III. 使い方_{つか　かた}

1. 大阪は大きい町です。高いビルがたくさんあります。_{おおさか　　　　　まち}

2. わたしの会社は20階と地下にレストランがあります。20階の_{かいしゃ　　かい　ちか}

   レストランは高いです。地下のレストランは安いです。

3. 富士大学は小さい大学です。大学の食堂のコーヒーは安いです。_{ふ　じ　　　　　　　　　　　　　　　　　しょくどう}

4. カリナさんは大学生です。毎日、車で大学へ行きます。_{まいにち　くるま　　　　　い}

---

*大学生_{だいがくせい}　university/college student

Ⅰ．読み方
よ かた

1．新しいカメラ　古いカメラ　2．新聞　今日の新聞
　　あたら　　　　　ふる　　　　　　　しんぶん　きょう　しんぶん

3．青いシャツ　白いシャツ　赤いシャツ　黒いシャツ
　　あお　　　　しろ　　　　あか　　　　くろ

Ⅱ．書き方
か かた

新	亠	立	亲	亲丿	新	新	新
古	一	十	十	古	古		
青	一	十	主	圭	丰	青	青
白	ノ	亻	白	白	白		
赤	一	十	土	亅	亦	赤	赤
黒	丶	曰	甲	里	里	黒	黒

Ⅲ．使い方
つか かた

1．イギリスの古い町へ行きました。そして、新しいかばんを買い
　　　　　　　　まち　い　　　　　　　　　　　　　　　　　　　　　　か

　　ました。安い飛行機で行きました。
　　　　　やす　ひこうき

2．近くに古いうちがあります。今、6月です。庭に赤い花や青い
　　ちか　　　　　　　　　　　　いま　　がつ　　　にわ　あか　はな　　　　

　　花があります。黒い犬と白い猫がいます。
　　　　　　　　　　　　いぬ　　　ねこ

3．駅で英語の新聞を買いました。
　　えき　えいご　　　　　か

6 漢字博士
はかせ

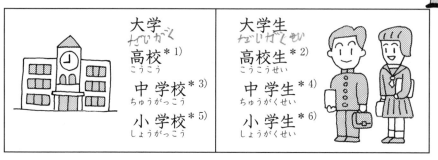

Ⅰ. まとめ

大学 だいがく 高校*1) こうこう 中学校*3) ちゅうがっこう 小学校*5) しょうがっこう	大学生 だいがくせい 高校生*2) こうこうせい 中学生*4) ちゅうがくせい 小学生*6) しょうがくせい

Ⅱ. タスク

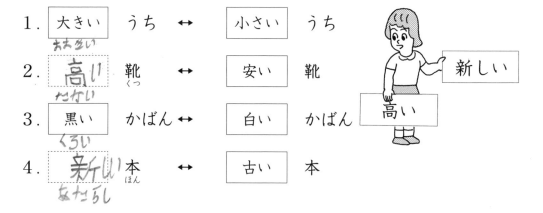

1. 大きい うち ↔ 小さい うち
　 おおきい

2. 高い 靴 ↔ 安い 靴
　 たかい くつ

3. 黒い かばん ↔ 白い かばん
　 くろい

4. 新しい 本 ↔ 古い 本
　 あたらし ほん

新しい

高い

Ⅲ. タスク：同じ形*7)はどこにありますか。
　　　　　おな かたち

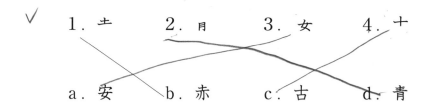

1. 土　　2. 月　　3. 女　　4. 十

a. 安　　b. 赤　　c. 古　　d. 青

---

*1) 高校 high school　*2) 高校生 high school student　*3) 中学校 junior high school
こうこう　　　　　　こうこうせい　　　　　　　　　ちゅうがっこう
*4) 中学生 junior high school student　*5) 小学校 elementary school　*6) 小学生 elemen-
ちゅうがくせい　　　　　　　　　　　しょうがっこう　　　　　　　　　しょうがくせい
tary schoolchild　*7) 同じ形 same shape　解答 Ⅱ. 2. 高い 4. 新しい　Ⅲ. 2. d 3. a
おな かたち　　　　　かいとう
4. c

上下父母子手好主肉魚食飲物

手の上

車の下
くるま

上手です。

下手です。

わたしはビールが好きです。
主人はワインが好きです。

父と母

7-A　上 下 父 母 子 手 好
71　72　73　74　75　76　77

Ⅰ. 読み方

1. 机の上　ベッドの下
2. 父　お父さん
3. 母　お母さん
4. 子ども
5. 手　大きい手
6. 上手です　下手です
7. 好きです
8. ○木　大きい木

Ⅱ. 書き方

上	丨	卜	上		
下	一	丅	下		
父	ノ	ハ	ク	父	
母	ㄥ	口	囚	囚	母
子	㇇	了	子		
手	ノ	二	三	手	
好	ㄑ	ㄅ	女	女'	奵 好

Ⅲ. 使い方

1. 木の上に子どもがいます。木の下に犬がいます。

2. 山田さんのお父さんは歌が下手です。でも、カラオケが好きです。

3. 父は料理が上手です。日曜日は母と料理をします。

4. お母さんの手は大きいです。わたしの手は小さいです。

○印は、そのユニットで導入する漢字（漢字番号のついたもの）を含まない漢字語につけてあります。
'○' is used to mark kanji words that do not include the target kanji (those with a number) of the unit.

7-B 　主 肉 魚 食 飲 物
78　79　80　81　82　83

Ⅰ. 読み方

1. 主人　　山田さんのご主人　　　2. 肉と魚

3. パンを食べます　　　　　　　　4. ○何を飲みますか

5. 物　　好きな物　　　　　　　　6. 食べ物　　飲み物

7. ○朝ごはん　○昼ごはん　○晩ごはん　8. ○水　水を飲みます

Ⅱ. 書き方

主	丶	二	亠	宇	主		
肉	丨	冂	内	内	肉	肉	
魚	ノ	ク	凸	角	角	魚	魚
食	𠆢	𠆢	今	今	仝	飠	食
飲	ノ	𠆢	今	飠	飠	飮	飲
物	ノ	𠂉	牛	牛	牪	牧	物

Ⅲ. 使い方

1. 主人は毎晩ビールを飲みます。山田さんのご主人はお酒を飲み

　ません。

2. わたしは魚が好きです。肉は好きじゃありません。

3. 冷蔵庫に飲み物がたくさんあります。食べ物はありません。

4. 大学の食堂で昼ごはんを食べます。安いです。

5. 今日は暑いです。冷たい水をたくさん飲みました。

7 漢字博士
はかせ

Ⅰ. まとめ

食べ<u>ます</u> ＋ 物	→	食べ物	
飲み<u>ます</u> ＋ 物	→	飲み物	
朝 ＋ ごはん	→	朝ごはん	
昼 ＋ ごはん	→	昼ごはん	
晩 ＋ ごはん	→	晩ごはん	

ふりがな:
食べます → た／もの、食べ物 → たべもの
飲みます → の／もの、飲み物 → のみもの
朝ごはん → あさ／ご
昼ごはん → ひる
晩ごはん → ばん

Ⅱ. タスク

1. 朝ごはん を食べます　2. コーヒー を飲みます

3. 水 を飲みます　4. 肉 を食べます

5. 魚 を食べます

水　　肉

Ⅲ. 読み物
よ　もの

――――――――――――――――――――　楽しい土曜日　――
　　　　　　　　　　　　　　　　　　　　　　　　　たの

　わたしは音楽が好きです。主人も音楽が好きです。主人は３
　　　　　おんがく　す　　　　　　　しゅじん　おんがく
歳からピアノ*を習いました。ピアノが上手です。きのう、友達
さい　　　　　　　なら　　　　　　　　　　　　　　　　　ともだち
にピアノのコンサートのチケットをもらいました。来週の土曜
日、主人といっしょに行きます。そして、レストランで晩ごは
んを食べます。それから、カラオケへ行きます。わたしは歌が
　　　　　　　　　　　　　　　　　　　　　　　　　　　うた
下手ですが、カラオケが好きです。土曜日は楽しいです。
　　　　　　　　　　　　　　　　　　　　　たの

――――――――――――――――――――――――――――――

＊ピアノ　piano　解答　Ⅱ. 3. 水　4. 肉
　　　　　　　かいとう

近 間 右 左 外 男 女 犬

右に木があります。

左に花があります。

男の人は外にいます。

男の人と女の人の間に犬がいます。

Ⅰ. 読み方

1. 近く　　近くのスーパー
2. 間　　本屋と花屋の間
3. 時間　　時間がありません
4. 右　左　　ドアの右
5. ドアの°前　　いすの°後ろ

Ⅱ. 書き方

近	´	⼁	⼂	斤	⼀斤	近	近
間	｜	⼁	⼁	⼁	門	門	間
右	ノ	ナ	ナ	右	右		
左	一	ナ	ナ	ナ	左		

Ⅲ. 使い方

1. 駅の近くにスーパーがあります。スーパーで肉と野菜を買います。近くの魚屋で魚を買います。魚屋は本屋と花屋の間にあります。大学の前の本屋で本を買います。安いです。

2. 朝、時間がありません。だから*、朝ごはんを食べません。

3. ドアの右にスイッチがあります。テレビの上です。

4. A：田中さんの後ろの人はだれですか。

　 B：ミラーさんです。

---

* だから　therefore

8-B

Ⅰ. 読み方
_よ _{かた}

1. 外　　部屋の外
_{そと}　_{へ や} _{そと}

2. 男の人　　男の子
_{おとこ} _{ひと}　_{おとこ} _こ

3. 女の人　　女の子
_{おんな} _{ひと}　_{おんな} _こ

4. 犬　　白い犬
_{いぬ}　_{しろ} _{いぬ}

5. ○中　　かばんの中
_{なか}　　_{なか}

Ⅱ. 書き方
_か _{かた}

外	ノ	ク	タ	タ	外		
男	丶	冂	冂	甲	田	罗	男
女	く	女	女				
犬	一	ナ	大	犬			

Ⅲ. 使い方
_{つか} _{かた}

1. うちの中に猫がいます。うちの外に犬がいます。
_{ねこ}

2. 外は寒いです。だれもいません。
_{さむ}

3. テレーザちゃんの先生は元気な男の人です。
_{せんせい} _{げん き}

4. きのう、ミラーさんのうちへ行きました。机の上にきれいな
_い _{つくえ} _{うえ}

女の人の写真がありました。
_{しゃしん}

5. あの女の子はテレーザちゃんです。あの男の子は太郎ちゃん
_{た ろう}

です。

8 漢字博士
はかせ

Ⅰ. タスク

1. | 前 | ↔ | 後ろ |

2. | | ↔ | 下 |
                    した

3. | 中 | ↔ | |

4. | 男 | ↔ | |

5. | | ↔ | 左 |

6. | 近く | ↔ | 遠く *1) |
                        とお

| 女 | 上 | 右 | 外 |
       うえ

Ⅱ. タスク

1. 鼻 *2) は目 *3) と目の [　　] にあります。　（間　前　上）
   はな　　め　　　　　　　　　　　　　　　　　　　　うえ

2. 目は鼻の [右] と [　　] にあります。　（下　左　後ろ）
   め　はな　　　　　　　　　　　　　　　　した

3. うちの [　　] に猫がいます。　（中　左　前）
   　　　　　　　ねこ

4. 犬はうちの [外] にいます。　（中　外　下）
   　　　　　　　　　　　　　　　　　　　した

5. うちの [　　] に川があります。　（前　上　間）
   　　　　　　　かわ　　　　　　　　　　うえ

6. うちの [後ろ] に山があります。　（前　後ろ　中）
   　　　　　　やま

---

*1) 遠く　faraway　*2) 鼻　nose　*3) 目　eye　解答　Ⅰ. 2. 上　3. 外　4. 女　5. 右
　とお　　　　　　　　　はな　　　　　め　　　　かいとう
Ⅱ. 1. 間　2. 左　3. 中　5. 前

書 聞 読 見 話 買 起 帰 友 達

わたしの一日

6時に起きます。

ごはんを食べます。

新聞を読みます。

働きます。

音楽を聞きます。

会社へ行きます。

電話をかけます。

パンを買います。

帰ります。

11時に寝ます。

テレビを見ます。

Ⅰ. 読み方

1. 手紙を書きます
2. CDを聞きます
3. 新聞を読みます
4. テレビを見ます
5. 電話　　電話をかけます

Ⅱ. 書き方

書	⊓	⊐	⊐	⊐	⊐	聿	書
聞	⼾	⼾	門	門	門	聞	聞
読	⼆	⼆	言	計	詩	詩	読
見	⼁	⼐	冃	月	目	貝	見
話	⼆	⼆	言	訁	訐	評	話

Ⅲ. 使い方

1. 学生は毎週レポートを書きます。先生は毎月レポートを読みます。

2. 友達にCDを借りました。今晩、部屋でCDを聞きます。

3. A：きのうの新聞はどこですか。

   B：テーブルの下にありますよ。

4. ワンさんは毎晩、国に電話をかけますから、お金がありません。

5. ミラーさんは毎晩、テレビを見ます。あまり新聞を読みません。

6. 日曜日に大阪城へ行きました。そして、桜の花を見ました。

Ⅰ. 読み方
<small>よ</small>　<small>かた</small>

1. パンを買います
<small>か</small>

2. 6時に起きます
<small>じ</small>　<small>お</small>

3. 7時に帰ります
<small>じ</small>　<small>かえ</small>

4. 友達　　大学の友達
<small>ともだち</small>　<small>だいがく</small>　<small>ともだち</small>

5. ○会います　　友達に会います
<small>あ</small>　<small>ともだち</small>　<small>あ</small>

6. ○時々
<small>ときどき</small>

Ⅱ. 書き方
<small>か</small>　<small>かた</small>

買	冖	罒	罒	罒	胃	冒	買
起	土	耂	耂	走	起	起	起
帰	⼁	⼓	⼓	⼾	⼾	帰	帰
友	一	ナ	ナ	友			
達	土	耂	幸	幸	幸	達	達

Ⅲ. 使い方
<small>つか</small>　<small>かた</small>

1. パソコンを買いました。そして、パソコンで絵をかきました。
<small>え</small>

2. きのう友達に会いました。そして、いっしょにお酒を飲みました。
<small>さけ</small>　<small>の</small>

3. 夜、11時にうちへ帰りました。
<small>よる</small>　<small>じ</small>

4. 今日は日曜日です。だから、10時に起きました。
<small>きょう</small>　<small>にちようび</small>　<small>じ</small>

5. 時々、駅でスポーツ新聞を買います。そして、電車の中で読みます。
<small>えき</small>　<small>しんぶん</small>　<small>でんしゃ</small>　<small>なか</small>　<small>よ</small>

9　漢字博士
はかせ

Ⅰ．タスク

1. 駅で友達に　会います　　　（会います　買います）
   えき
2. スーパーで牛乳を　　　　　　（買います　会います）
   ぎゅうにゅう
3. 部屋で本を　　　　　　　　　（読みます　飲みます）
   へや　ほん　　　　　　　　　　　　　　　の
4. 友達と映画を　　　　　　　　（見ます　読みます）
   えい が
5. 毎朝、6時に　　　　　　　　（起きます　書きます）
   まいあさ　じ
6. 8時にうちへ　　　　　　　　（買います　帰ります）
   じ

Ⅱ．タスク

1. 言 + 売　読　　　本を　読　みます
   　　　　　　　　　ほん
2. 言 + 舌　話　　　電　　をかけます
3. 門 + 耳　　　　　CD を　聞　きます
4. 罒 + 貝　　　　　カメラを　買　います
5. 辶 + 幸　達　　　友　　に会います
6. 走 + 己　起　　　7時に　　きます
   　　　　　　　　　じ

Ⅲ．読み物
よ　もの

```
　　　　　　　　　　　　　　　　　　　　　　　地震 *1)
　　　　　　　　　　　　　　　　　　　　　　　じしん
　朝、ラジオで国の地震のニュース *2) を聞きました。駅で新聞
　　　　　　　　じ しん
を買いました。電車の中で読みました。そして、国の友達に電
話をかけました。それから、スーパーへ行きました。食べ物や
飲み物を買いました。国に送りました。
　　　　　　　　　　　　おく
```

*1) 地震　earthquake　*2) ニュース　news　解答　Ⅰ．2．買います　3．読みます　4．見ます
　　 じしん　　　　　　　　　　　　　　　　　　 かいとう
5．起きます　6．帰ります　Ⅱ．2．話　3．聞　4．買　5．達　6．起

茶 酒 写 真 紙 映 画 店 英 語

この店でお茶を飲みました。

それから、映画を見ました。

そして、国の家族にメールで写真を送りました。

10-A　茶　酒　写　真　紙
102　103　104　105　106

Ⅰ. 読み方
1. お茶　中国のお茶
2. お酒　日本のお酒
3. 写真　旅行の写真
4. 紙　手紙

Ⅱ. 書き方

茶	一	艹	艾	茎	苳	茶	茶
酒	シ	氵	汀	汀	沥	洒	酒
写	丶	冖	写	写	写		
真	十	广	市	肖	直	直	真
紙	乙	幺	糸	糸	紅	紙	紙

Ⅲ. 使い方

1. わたしは中国のお茶が好きです。中国のお酒はあまり好き

    じゃありません。

2. 京都へ行きました。そして、たくさん写真をとりました。

    パソコンで友達に京都の写真を送りました。

3. 絵をかきます。白い紙をください。

4. きのうは誕生日でした。子どもにプレゼントと手紙をもらい

    ました。「お母さん、いつもありがとう。」

10-B

映 画 店 英 語
107　108　109　110　111

Ⅰ. 読み方
よ　かた

1. 映画　アメリカ映画　　2. 店　高い店　安い店
えいが　　　　えいが　　　　　みせ　たか　みせ　やす　みせ

3. 英語　中国語　日本語
えいご　ちゅうごくご　にほんご

Ⅱ. 書き方
か　かた

映	丨	日	日	旷	旷	映	映
画	一	厂	厅	币	而	画	画
店	、	亠	广	广	庐	庐	店
英	一	十	艹	艹	芁	苙	英
語	亠	言	言	訂	評	語	語

Ⅲ. 使い方
つか　かた

1. 日曜日に映画を見ました。それから喫茶店でお茶を飲みました。
にちようび　　映画　み　　　　きっさてん　ちゃ　の

夜はフランス料理の店で晩ごはんを食べました。
よる　　　りょうり　　ばん　　　た

2. イギリスの映画を見ます。英語の新聞を読みます。
映画　み　英語　しんぶん　よ

英語の勉強です。
べんきょう

3. ミラーさんは日本語で手紙を書きます。日本語で電話をかけま
日本語　てがみ　か　　　でんわ

す。日本語で仕事をします。ミラーさんは日本語が上手です。
しごと　　　　　　じょうず

ユニット 10—69

10 漢字博士
はかせ

I. タスク

1. (本 手紙 映画) | 本 ／手紙 | を読みます
   ほん　　　　　　　　　　　　　　　　　　　　　　よ

2. (手紙 本 写真) | ／ | を書きます
   　　　ほん　　　　　　　　　　　　　　　　　　　　か

3. (音楽 写真 映画) | ／ | を見ます
   おんがく　　　　　　　　　　　　　　　　　　　　　み

4. (お茶 店 お酒) | ／ | を飲みます
   　　　　　　　　　　　　　　　　　　　　　　　　の

5. (写真 映画 英語) | 写真／映画 | をとります

II. タスク：同じ形はどれですか。
　　　　　　おな　かたち

1. 映 時　　　　（ 日 ）

2. 話 読 語　　（　　）

3. 茶 英　　　　（　　）

III. 読み物
　　　よ　もの

―――――――――――――――――――――――――― お茶とお酒 ―――

　イギリスのお茶と中国のお茶は少し違います。でも、どちら
も*1) 赤いです。日本のお茶は緑色*2) です。中国のお酒と日本
　　　　　　　　　　　　　みどりいろ
のお酒も違います。中国のお酒は赤いですが、日本のお酒は赤
くないです。

――――――――――――――――――――――――――――――――――

*1) どちらも both　*2) 緑色 green　解答 I. 2. 手紙／本　3. 写真／映画　4. お茶／お
　　　　　　　　　　　みどりいろ　　　　かいとう
酒 II. 2. 言　3. 艹

漢字忍者２
にんじゃ

Ⅰ. タスク

1. | 男の子　中　平　母　左　ご主人　前 |

例：上　　　↔　　　下
れい

1) 外　　　↔　　　　　　2) 右　　　↔

3) 後ろ　↔　　　　　　4) 女の子　↔

5) 父　　↔　　　　　　6) 奥さん　↔
　　　　　　　　　　　　　　おく

2. | 高い　古い　好きな　安い　小さい　上手な |

1) 大きい ↔　　　　　　2) 高い　　↔

3) 新しい ↔　　　　　　4) 低い　　↔
　　　　　　　　　　　　　　ひく

5) 嫌いな ↔　　　　　　6) 下手な ↔
　　きら

Ⅱ. まとめ：漢字の 形
　　　　　　かんじ　かたち

　タスク：漢字を書いてください。
　　　　　かんじ　か

1. 左 左 右 友 店 有 屋
　　　　　　　　　148　211

例：大学の近くに 有 名 なレストランがあります。
れい だいがく　　　　　ゆう めい

1) きのう、　□　達とフィリピンの映画を見ました。
　　　　　とも　だち

2) わたしの車はあの木の　□　にあります。赤い車です。
　　　　　　　　　　　みぎ

3) 今日は水曜日ですから、駅前*の □ は休みです。
　　きょう　すいようび　　　　　　えきまえ　　みせ　　　やす

2.　近 　近 週 起 送 道 建
　　　　　　　　　112 192 194

1) わたしは 先 □ 、日本へ 来ました。
　　　　　　　せん しゅう　に ほん　き

2) うちの □ くに 大きい 本屋が あります。
　　　　　ちか　　　　　　ほん や

3) わたしは 毎朝、6時に □ きます。
　　　　　まいあさ　じ　　お

3.　間 　間 円 聞 同 開 閉
　　　　　　　　　173 214 215

1) コーヒーは 400 □ です。紅茶は 350 □ です。
　　　　　　　　えん　　　こうちゃ　　　　　えん

2) 音楽が 好きです。毎晩、CDを □ きます。
　　おんがく　　　　まいばん　　　　　き

3) 時 □ が ありませんから、タクシーで 行きましょう。
　　じ　かん　　　　　　　　　　　　　い

---

*駅前　in front of the station
　えきまえ

Ⅲ．まとめとタスク

1．下のことば*1）がわかりますか。

・食べ物＝肉、魚、野菜、果物、ごはん、パン、甘い物*2）、…
　　　　　　　　やさい　くだもの　　　　　　　　　　あま
・飲み物＝水、お茶、紅茶、コーヒー、ジュース、ビール、…
　　　　　　　　　こうちゃ
・趣味*3）＝スポーツ、映画、音楽、写真、旅行、読書*4）、…
　しゅみ　　　　　　　　　おんがく　　　　りょこう　どくしょ

2．読んでください。

──────────── わたしの好きな物*5） ────────────

　わたしは魚が大好き*6）です。毎日、食べます。そして、野菜と果
　　　　　　だい　す
物も好きです。でも、肉はあまり好きではありません。飲み物は日本
もの
のお茶が好きです。お酒も時々飲みます。ビールとワインが好きです。

　スポーツはサッカーが好きです。日曜日、時々サッカーをします。
そして、映画も好きです。音楽も聞きます。特に*7）、アジア*8）の映
　　　　　　　　　　　おんがく　　　　　　　とく
画と音楽が好きです。

---

*1) ことば　word　*2) 甘い物　sweets　*3) 趣味　hobby　*4) 読書　reading（books）　*5) わたし
　　　　　　　　　　　あま　　　　　　　　　しゅみ　　　　　　　どくしょ
の好きな物　my favorite things　*6) 大好きな　be very fond of　*7) 特に　especially　*8) アジア
　　　　　　　　　　　　　　　　　だい　す　　　　　　　　　　　とく
Asia

3. あなたは何が好きですか。

わたしの好きな物

送 切 貸 借 旅 教 習 勉 強 花

11-A | 送 切 貸 借 旅
112　113　114　115　116

Ⅰ. 読み方

1. プレゼントを送ります
2. 肉を切ります
3. 50円切手
4. 友達にCDを貸します
5. 友達に本を借ります
6. 旅行　旅行します
7. °お金　わたしのお金
8. 1°時間　1°時間半
9. 1°日　1°週間　1°か月　1°年

Ⅱ. 書き方

送	゛	ᅩ	关	关	关	送	送
切	ー	セ	切	切			
貸	イ	イ	代	代	伐	貸	貸
借	イ	イ	件	件	借	借	借
旅	ユ	ゥ	方	圢	斿	旅	旅

Ⅲ. 使い方

1. 80円の切手を買いました。友達に旅行の写真を送ります。

2. ちょっとはさみを貸してください。紙を切ります。

3. 先週、友達に旅行の本を借りました。そして、うちで読みました。

11-B

教	習	勉	強	花
117	118	119	120	121

Ⅰ. 読み方
<small>よ かた</small>

1. 日本語を教えます
   <small>に ほん ご　おし</small>

2. 友達にパソコンを習います
   <small>ともだち　なら</small>

3. 勉強　日本語を勉強します
   <small>べんきょう　に ほん ご　べんきょう</small>

4. 花　赤い花
   <small>はな　あか　はな</small>

5. ○外国　○外国人　○外国語
   <small>がいこく　がいこくじん　がいこくご</small>

Ⅱ. 書き方
<small>か かた</small>

教	土	耂	孝	孝	孝	教	教
習	コ	ヲ	ヨ	羽	羽	習	習
勉	ク	勹	免	免	免	勉	勉
強	ゝ	弓	弓	弥	弣	強	強
花	一	十	艹	艹	芅	花	花

Ⅲ. 使い方
<small>つか かた</small>

1. 兄はニューヨークで映画の勉強をしています。そして、日本語
   <small>あに　　　　　えい が　　　　　　　　　　　　　　　　に ほん ご</small>

   を教えています。

2. わたしは３週間、ダンスを習いました。でも、まだ下手です。
   <small>しゅうかん　　　　　　　　　　　　　　　　へ た</small>

3. 今日は彼女の誕生日です。これからデパートへ花を買いに行き
   <small>きょう　かのじょ　たんじょう び　　　　　　　　　　　　　　　か　　い</small>

   ます。

4. パワー電気に外国人が９人います。
   <small>でん き　　　　　　　にん</small>

5. 山田さんのお兄さんは外国に住んでいます。
   <small>やま だ　　　　にい　　　　　　　　す</small>

11 漢字博士
はかせ

I. まとめ

五つ

二人

1	2	3	4	5	6
一 いち	二 に	三 さん	四 し／よん	五 ご	六 ろく
一つ ひと (つ)	二つ ふた (つ)	三つ みっ (つ)	四つ よっ (つ)	五つ いつ (つ)	六つ むっ (つ)
一人 ひとり	二人 ふたり	三人 さんにん	四人 よにん	五人 ごにん	六人 ろくにん

7	8	9	10	11	12
七 しち／なな	八 はち	九 きゅう／く	十 じゅう／とお	十一 じゅういち	十二 じゅうに
七つ なな (つ)	八つ やっ (つ)	九つ ここの (つ)	十 とお	十一 じゅういち	十二 じゅうに
七人 しちにん／ななにん	八人 はちにん	九人 きゅうにん／くにん	十人 じゅうにん	十一人 じゅういちにん	十二人 じゅうににん

II. タスク：ことばを作ってください。
つく

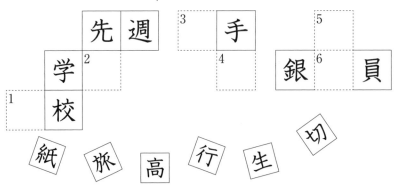

解答　II. 1. 高　2. 生　3. 切　4. 紙　5. 旅　6. 行
かいとう

歩 待 立 止 雨 入 出 売 使 作

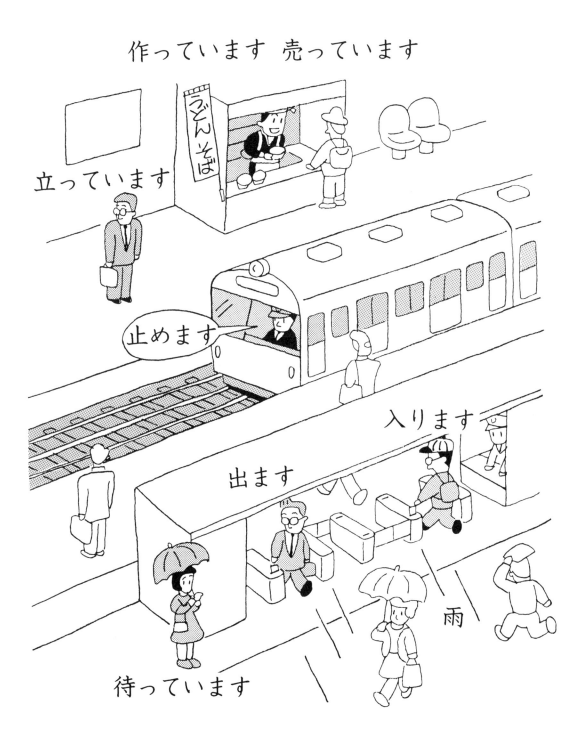

作っています　売っています

立っています

止めます

入ります

出ます

雨

待っています

12-A

歩	待	立	止	雨
122	123	124	125	126

Ⅰ. 読み方
_よ _{かた}

1. 歩いて行きます
   _{ある} _い

2. 友達を待ちます
   _{ともだち} _ま

3. 立ちます
   _た

4. 車を止めます
   _{くるま} _と

5. 雨　　雨が降ります
   _{あめ} _{あめ} _ふ

Ⅱ. 書き方
_か _{かた}

歩	⼁	ト	⺀	止	牛	牜	歩
待	ノ	彳	彳	往	往	待	待
立	⼀	二	立	立	立		
止	⼁	ト	止	止			
雨	一	厂	冂	帀	雨	雨	雨

Ⅲ. 使い方
_{つか} _{かた}

1. わたしは毎日、歩いて学校へ行きます。友達はバスで行きます。
   _{まいにち} _{がっこう} _い _{ともだち}

2. 駅で1時間待ちました。でも、友達は来ませんでした。
   _{えき} _{じ かん} _{ともだち} _き

3. スーパーの前に子どもが立っています。雨が降っています。お
   _{まえ} _こ _ふ

   母さんは買い物をしています。
   _{かあ} _か _{もの}

4. 駅の前に車を止めました。
   _{えき} _{まえ} _{くるま}

I．読み方

1．店に入ります
2．店を出ます
3．パソコンを売ります
4．パソコンを使います
5．晩ごはんを作ります

II．書き方

入	ノ	入				
出	丨	屮	屮	出	出	
売	一	十	士	产	声	声	売
使	ノ	イ	仁	佇	佇	伊	使
作	ノ	イ	イ	仁	竹	作	作

III．使い方

1．友達とレストランに入りました。でも、何も食べませんでした。

コーヒーだけ飲みました。そして、店を出ました。

2．兄は古いパソコンを売りました。そして、新しいパソコンを買

いました。

3．きのう、カレーを作りました。牛肉と野菜を使いました。とて

もおいしかったです。

12 漢字博士
はかせ

Ⅰ. タスク

1. 友達を   •
ともだち
2. パソコンを   •
3. レストランを   •
4. レストランに   •
5. 車を   •
くるま
6. 晩ごはんを   •
ばん

• a. 入ります
• b. 作ります
• c. 売ります
• d. 止めます
• e. 出ます
• f. 待ちます

Ⅱ. 読み物
よ　もの

買い物
か　もの

先週の日曜日、大阪の日本橋へパソコンを買いに行きました。
おおさか　にっぽんばし
雨が降っていましたから、車で行きました。いちばん安い店は銀
ふ
行の隣にありました。銀行の前で車を止めました。そして、店
こう　となり
に入りました。店の人がたくさん立っていました。新しいパソ
コンを売っていました。パワー電気のパソコンを買いました。
てん　き
少し高かったです。でも、いちばんよかったです。月曜日の晩、
すこ
パソコンでレポートを書きました。

解答　Ⅰ. 2. c 3. e 4. a 5. d 6. b
かいとう

82―ユニット12

明 暗 広 多 少 長 短 悪 重 軽 早

明るい　　暗い　　広い　　狭い
　　　　　　　　　　　　　　せま

多い　　少ない　　長い　　短い

いい人　　悪い人　　重い　　軽い

早い　　遅い
　　　　おそ

13-A 明 暗 広 多 少
132 133 134 135 136

Ⅰ. 読み方

1. 明るい部屋　暗い部屋　　2. 広い店
　　（あか）（へや）（くら）（へや）　　　　（ひろ）（みせ）

3. 人が多い　　人が少ない　　4. 少しタイ語がわかります
　（ひと）（おお）（ひと）（すく）　　　　　（すこ）　（ご）

Ⅱ. 書き方

明	丨	冂	月	日	明	明	明
暗	日	日'	旷	昨	晬	暗	暗
広	'	亠	广	広	広		
多	ノ	ク	タ	夕	多	多	
少	亅	小	小	少			

Ⅲ. 使い方

1. きのう、レストランで晩ごはんを食べました。広くて、明るい
　　　　　　　　　　　　（ばん）　　（た）　　　　（ひろ）　　（あか）

　店でした。でも、わたしはもう少し暗い店のほうが好きです。
　（みせ）　　　　　　　　　　　（すこ）（くら）　　　　　　（す）

2. 晩ごはんの前に、少しビールを飲みます。お酒が好きです。
　（ばん）　　（まえ）（すこ）　　　　（の）　　（さけ）（す）

3. 友達と花見に行きました。とてもきれいでした。でも、人が多
　（ともだち）（はなみ）（い）　　　　　　　　　　　　　　　（ひと）（おお）

　かったです。

4. わたしの町は車が多くて、緑が少ないです。あまり好きじゃあ
　　　　　（まち）（くるま）（おお）　（みどり）（すく）　　　　　　（す）

　りません。

13-B　長　短　悪　重　軽　早
137　138　139　140　141　142

Ⅰ. 読み方
（よ）（かた）

1. 長い手紙　　短い手紙
（なが）（てがみ）　（みじか）（てがみ）

2. 悪い友達
（わる）（ともだち）

3. 重いかばん　　軽いかばん
（おも）　　（かる）

4. 時間が早い　　早く帰ります
（じかん）（はや）　（はや）（かえ）

5. ○強いお酒
（つよ）（さけ）

Ⅱ. 書き方
（か）（かた）

長	丨	厂	F	手	長	長	長
短	ﾉ	乍	矢	矢	矩	短	短
悪	一	戸	丏	亜	严	悪	悪
重	丿	一	亡	言	言	重	重
軽	冂	甙	亘	車	軒	軽	軽
早	丨	冂	日	日	旦	早	

Ⅲ. 使い方
（つか）（かた）

1. わたしは髪が長いです。姉は短いです。どちらが好きですか。
（かみ）　　（あね）　　　　　　　　　　　（す）

2. わたしのパソコンは調子が悪いです。新しいパソコンを買わな
（ちょうし）　　　　　（あたら）　　　　　　　（か）

けれ<u>れ</u>ばなりません。

3. このかばんは少し重いです。旅行の前に、もう少し軽いかばん
（すこ）　　　　　　（りょこう）（まえ）　　　　　　

を買いたいです。
（か）

4. 今日は妻の誕生日ですから、早く帰ります。
（きょう）（つま）（たんじょうび）　　　　（かえ）

タスク

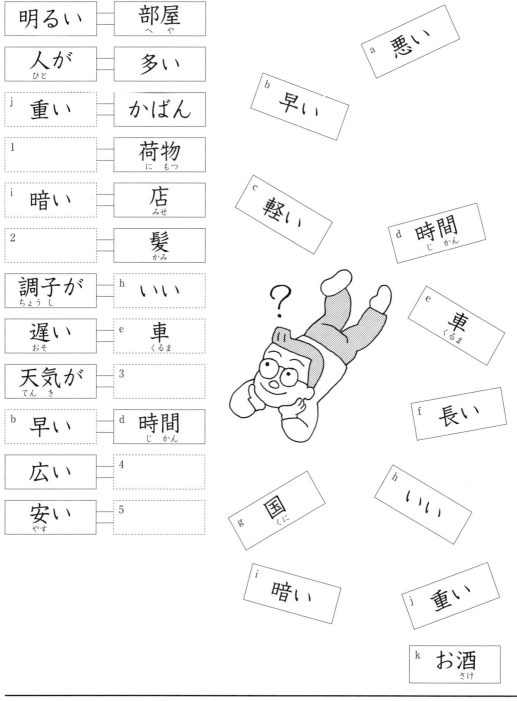

明るい	部屋（へや）
人が（ひと）	多い
j 重い	かばん
1	荷物（にもつ）
i 暗い	店（みせ）
2	髪（かみ）
調子が（ちょうし）	h いい
遅い（おそ）	e 車（くるま）
天気が（てんき）	3
b 早い	d 時間（じかん）
広い	4
安い（やす）	5

a 悪い

b 早い

c 軽い

d 時間（じかん）

e 車（くるま）

f 長い

g 国（くに）

h いい

i 暗い

j 重い

k お酒（さけ）

解答 1. c 2. f 3. a 4. g 5. k
かいとう

便 利 元 気 親 有 名 地 鉄 仕 事

地下鉄の駅

仕事に行きます

便利な電話

元気な人

親切な人

14-A

便　利　元　気　親
143　　144　　145　　146　　147

Ⅰ. 読み方
<small>よ　　　かた</small>

1. 便利なかばん
<small>べんり</small>

2. 元気な人
<small>げんき　ひと</small>

3. 電気をつけます
<small>でんき</small>

4. 親切な友達
<small>しんせつ　ともだち</small>

5. ○出かけます
<small>で</small>

Ⅱ. 書き方
<small>か　　　かた</small>

便	イ	仁	但	但	佢	便	便
利	ノ	二	千	千	禾	利	利
元	一	二	テ	元			
気	ノ	二	气	气	気	気	
親	亠	立	亲	新	親	新	親

Ⅲ. 使い方
<small>つか　　かた</small>

1. 旅行の本はとても便利です。出かける前に、いつも読みます。
<small>りょこう　ほん　　　　　　　　　　　　　　　まえ　　　　　　　　　よ</small>

2. 山田さんは毎朝ジョギングをします。とても元気な人です。
<small>やまだ　　　まいあさ　　　　　　　　　　　　　　　　　げんき　ひと</small>

3. うちで電気を作ります。そして、売ります。
<small>でんき　つく　　　　　　　　　う</small>

4. いつも山川さんに旅行の本を借ります。山川さんはとても親切
<small>やまかわ　　　りょこう　ほん　か</small>

な人です。
<small>ひと</small>

Ⅰ. 読み方
（よ　かた）

1. 有名なワイン
（ゆうめい）

2. 名前　会社の名前
（なまえ）（かいしゃ　なまえ）

3. 地下鉄　地下鉄の駅
（ち か てつ）（ち か てつ　えき）

4. 仕事　わたしの仕事
（し ごと）（し ごと）

5. 友達に写真を◦見せます
（ともだち　しゃしん　み）

Ⅱ. 書き方
（か　かた）

有	ノ	ナ	オ	冇	有	有	
名	ノ	ク	タ	タ	名	名	
地	一	十	土	圠	坤	地	
鉄	𠂉	牟	金	金	釭	釟	鉄
仕	ノ	イ	仁	什	仕		
事	一	一	三	亐	写	亭	事

Ⅲ. 使い方
（つか　かた）

1. 地下鉄で会社へ行きます。ＪＲより速くて、便利です。
（かいしゃ　い）（はや）（べんり）

2. 会社は有名ですが、仕事はおもしろくないです。
（かいしゃ）

3. 会社のビルの地下に有名なレストランがあります。でも、
（かいしゃ）（ち か）

　高いですから、あまり行きません。
（たか）（い）

4. 空港でパスポートを見せます。そして、飛行機に乗ります。
（くうこう）（ひこうき　の）

5. 名前と住所と電話番号を書いてください。
（じゅうしょ　でんわばんごう　か）

14　漢字博士
はかせ

Ⅰ．タスク

イ ＋ 吏 乍 昔 更 士 主 本 木

↓ 1↓ ↓ ↓ 2↓ ↓ ↓ ↓

使 □ 借 便 □ 住 体 休
　　　　　　　　　181　197

Ⅱ．タスク

| 子ども | 小学校 | キャッシュカード |
| こ | しょうがっこう | |

1．便利な ＋ 物／
　　　　　　もの
2．元気な ＋ 人／
　　　　　　ひと
3．有名な ＋ 神社／
　　　　　　じんじゃ

Ⅲ．読み物
　　　よ　もの

――― 地下鉄とバス ―――

　いつも地下鉄で学校へ行きます。時々、うちの近くで彼女に
会います。彼女はバスで学校へ行きます。ですから、僕もバス
に乗ります。地下鉄のほうがバスより安くて、便利ですが、彼
女とバスで行きます。僕のうちから学校まで地下鉄は200円、
バスは400円です。ですから、彼女と地下鉄で行きたいです。
かのじょ
ぼく
の

解答　Ⅰ．1．作　2．仕　Ⅱ．1．キャッシュカード　2．子ども　3．小学校
かいとう

東 西 南 北 京 夜 料 理 口 目 足 曜

木曜日、レストランで晩ごはんを食べます。

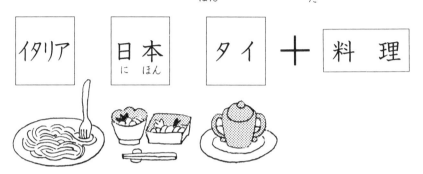

| イタリア | 日本 にほん | タイ | ＋ | 料 理 |

土曜日、山へ行きます。

日曜日、スポーツをします。足 手て

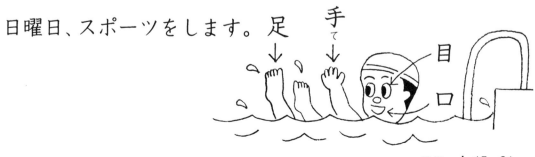

15-A 　東　西　南　北　京　夜
154　155　156　157　158　159

Ⅰ. 読み方

1. 東*1)　東京
   ひがし　とうきょう

2. 西*2)　中国の西
   にし　ちゅうごく　にし

3. 南*3)　南の国
   みなみ　みなみ　くに

4. 北*4)　北アメリカ
   きた　きた

5. 夜　土曜日の夜
   よる　どようび　よる

6. カードを○入れます
   い

7. 銀行でお金を○下ろします
   ぎんこう　かね　お

Ⅱ. 書き方

東	一	一	一	一	車	東	東
西	一	一	一	西	西	西	
南	一	十	十	内	南	南	南
北	ナ	十	土	北	北		
京	`	一	六	六	古	亨	京
夜	`	一	广	疒	夜	夜	夜

Ⅲ. 使い方

1. きのうの夜、友達はバスで東京ディズニーランドへ行きました。
   ともだち　　　　　　　　　　　　　　　　　　　　　　い

   わたしは東京へ行ったことがありません。

2. 先週、日本へ来ました。まだ、西も東もわかりません。
   せんしゅう　にほん　き

3. 3か月、北アメリカと南アメリカを旅行しました。
   げつ　　　　　　　　　　　　　　　　　　りょこう

4. カードを入れて、ボタンを押して、お金を下ろします。
   お　　　　　　かね

---

*1) 東　east　*2) 西　west　*3) 南　south　*4) 北　north
　　ひがし　　　　にし　　　　　みなみ　　　　　きた

Ⅰ. 読み方

1. 料理　　中国料理
2. 口
3. 目　　左の目　　右の目
4. 足　　手と足
5. 金曜日にレポートを○出します
6. ○日　休みの日

Ⅱ. 書き方

料	ゝ	ゝ	半	米	料	料	料
理	T	F	F	玾	理	理	理
口	丶	冂	口				
目	丨	冂	月	月	目		
足	丶	口	口	尸	尸	足	足
曜	日	日ヨ	晖	睅	暉	曜	曜

Ⅲ. 使い方

1. きのう、初めて日本料理を食べました。そして、日本のお酒
   を飲みました。でも、わたしはフランス料理のほうが好きです。

2. 歩いて京都へ行きました。ですから、足が痛いです。

3. A：休みは何曜日ですか。

   B：土曜日と日曜日です。

4. 毎朝5時に起きます。休みの日は10時に起きます。

15　漢字博士
はかせ

Ⅰ．タスク

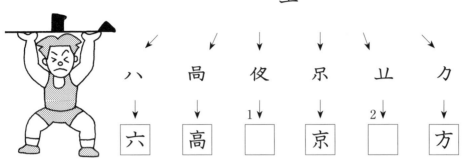

六　高　□　京　□　方

Ⅱ．タスク：「手」ですか、「足」ですか。

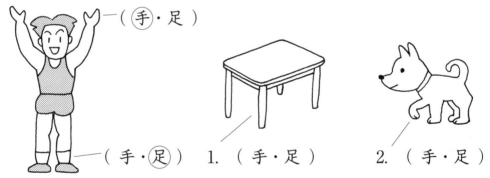

（手・足）

（手・足）　1．（手・足）　2．（手・足）

Ⅲ．タスク：次の □ に、「東」「西」「南」「北」を入れてください。
つぎ　　　　　　　　　　　　　　　　　　　　　　　　い

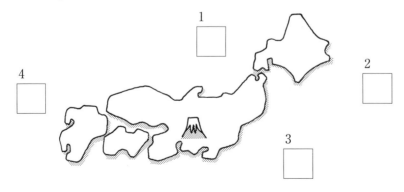

解答　Ⅰ．1．夜　2．立　Ⅱ．1．足　2．足　Ⅲ．1．北　2．東　3．南　4．西
かいとう

漢字忍者3
にんじゃ

I. タスク：正しくない＊使い方に×を書いてください。
ただ　　　　　　　つか　かた　　　か

例：（　）広い部屋　　　　　1.（　）大きい車
れい　　　　へや　　　　　　　　　　　くるま
　　（　）広い店　　　　　　　　（　）大きい小学生
　　　　　みせ　　　　　　　　　　　しょうがくせい
　　（　）広い学校　　　　　　　（　）大きい口
　　　　　がっこう
　　（×）広い目　　　　　　　　（　）大きい昼ごはん
　　　　　　　　　　　　　　　　　　　ひる

2.（　）長い川　　　　　　　3.（　）新しい会社
　　　　かわ　　　　　　　　　　　　　かいしゃ
　　（　）長い足　　　　　　　　（　）新しい仕事
　　（　）長い時間　　　　　　　（　）新しい社員
　　　　　じ かん　　　　　　　　　　しゃいん
　　（　）長い人　　　　　　　　（　）新しい昼休み
　　　　　ひと　　　　　　　　　　　　ひるやす

4.（　）暗い教室　　　　　　5.（　）元気な友達
　　　　きょうしつ　　　　　　　　　　ともだち
　　（　）暗いレストラン　　　　（　）元気なお父さん
　　　　　　　　　　　　　　　　　　　とう
　　（　）暗い朝　　　　　　　　（　）元気な犬
　　　　　あさ　　　　　　　　　　　　いぬ
　　（　）暗いコーヒー　　　　　（　）元気な肉

6.（　）有名な先生　　　　　7.（　）親切な男の人
　　　　せんせい　　　　　　　　　　おとこ ひと
　　（　）有名な銀行　　　　　　（　）親切な医者
　　　　ぎんこう　　　　　　　　　　　い しゃ
　　（　）有名な名前　　　　　　（　）親切な店
　　　　　　　　　　　　　　　　　　みせ
　　（　）有名な時間　　　　　　（　）親切な料理
　　　　　じ かん

＊正しくない　incorrect
ただ

Ⅱ．タスク：同じ形に、○を書いてください。そして、下の漢字のことば
に読み方を書いてください。

例：

日	映	書	借	暗
	映画	書きます	借ります	暗い
	えいが	かき	かり	くらい

（映、暗に○）

1.

口	話	右	短	京
	話します	右の目	短い	東京

2.

目	自	見	真	親
	自転車	見ます	写真	親切な

3.

土	赤	待	地	軽
	赤い	待ちます	地下鉄	軽い

4.

木	休	校	新	利
	昼休み	高校	新聞	便利な

5.

十	古	南	早	朝
	古い	南	早い	今朝

Ⅲ．タスク

| 勉強し　止め　入り　~~送り~~　習い　出 |

例：国の母にクリスマスカードを　| 送り |　ました。
れい　くに　はは

1．あした、試験がありますから、今晩、| ⬚ |　ます。
　　　　　　しけん　　　　　　　こんばん

2．おなかがすきましたね。あの店に　| ⬚ |　ましょう。
　　　　　　　　　　　　　　　みせ

3．きのう、山田さんにパソコンの使い方を　| ⬚ |　ました。
　　　　　やまだ　　　　　　　　つか　かた

4．店の前に車を　| ⬚ |　ました。
　　みせ　まえ　くるま

5．姉は去年、アメリカの大学を　| ⬚ |　ました。
　　あね　きょねん　　　　　　　だいがく

Ⅳ．読み物
　　　よ　もの

──── 僕の週末 ────
　　　　　　　　　　　　　　　　　　　　　　　ぼく　しゅうまつ

　　僕は自然*が好きだ。だから、仕事が休みの日は彼女や友達と山や
　ぼく　しぜん　　　　　　　　　　　　　　　　　　　かのじょ　　　　　　やま
海へ行ったり、時々旅行に行ったりする。そして、とても元気になる。
うみ
　　でも今日は雨だ。朝から降っている。山や海へ行くことができない。
　　　　　　　　　　　　　　ふ
だから、図書館へ行って、中国料理の本を借りた。そして、作り方を
　　　としょかん　　　　　　　　　　　　　　　　　　　　　つく　かた
勉強した。今日の夜はうちで彼女と食事する。
　　　　　　　　　　　　　かのじょ　しょくじ
　　今、彼女を待っている。早く彼女に会いたい。

*自然　　nature
　しぜん

降 思 寝 終 言 知 動 同 漢 字 方

日曜日の朝です。雨が降っています。
にちようび　あさ　　　　あめ

寝ています。　　　　　　彼は寝ていると思います。
　　　　　　　　　　　　かれ

漢字を勉強します。
べん きょう

| 16-A | 降 思 寝 終 言 |

Ⅰ.読み方
　……………………………
　……………………………
　……………………………
Ⅱ.書き方
　……………………………
　……………………………
　……………………………
Ⅲ.使い方
　……………………………
　……………………………
　……………………………

知っていますか。

宀

字・家・室・（　　）

言

読・話・語・（　　）

16-A

降 思 寝 終 言
166　167　168　169　170

I. 読み方
<small>よ　かた</small>

1. 雨が降ります
<small>あめ　ふ</small>

2. 電車を降ります
<small>でんしゃ　お</small>

3. 彼は来ないと思います
<small>かれ　こ　おも</small>

4. 12時に寝ました
<small>じ　ね</small>

5. 夏休みが終わりました
<small>なつやす　お</small>

6. 彼に「さようなら」と言いました
<small>かれ　い</small>

7. ○話　　長い話
<small>はなし　なが　はなし</small>

8. 友達と○話します
<small>ともだち　はな</small>

II. 書き方
<small>か　かた</small>

降	⁊	孑	⻖	阝㐅	降	降	降
思	冂	田	田	甲	思	思	思
寝	宀	宀	疒	宲	宲	寝	寝
終	ㄥ	ㄠ	糸	糸	終	終	終
言	ヽ	二	三	言	言	言	言

III. 使い方
<small>つか　かた</small>

1. 午後、雨が降ると思います。だから、傘を持って行きます。
<small>ごご　あめ　ふ　かさ　も　い</small>

2. 先生と話しました。わたしはさくら大学へ行きたいと言いました。
<small>せんせい　だいがく　い</small>

3. ワット先生の話はおもしろいです。勉強が好きになりました。
<small>せんせい　べんきょう　す</small>

4. A：皆さん、次の駅で降りますよ。
<small>みな　つぎ　えき</small>

　　B：あ、山田さんが寝ています。山田さん、起きてください。
<small>やまだ　お</small>

Ⅰ. 読み方

1. 知っています　知りません
2. 動きます　自動車　動物
3. 同じ*名前　同じ学校
4. 漢字　漢字を書きます
5. あの方を知っていますか
6. パソコンの使い方

Ⅱ. 書き方

知	ノ	㇉	㇉	矢	矢	知	知
動	一	二	盲	重	重	動	動
同	丨	冂	冂	同	同	同	
漢	シ	氵	汁	浐	淮	漢	漢
字	丶	八	宀	字	字	字	
方	丶	亠	方	方			

Ⅲ. 使い方

1. A：さくら大学を知っていますか。

　　B：いいえ、知りません。どこにありますか。

2. この車は電気自動車です。少し高いですが、とても静かです。

3. A：山川さんにこのチョコレートをもらいました。

　　B：あ、わたしも同じチョコレートをもらいました。

4. 広い北海道で動物といっしょに住みたいです。

5. この本で漢字の読み方や書き方や使い方を勉強しました。

＊同じ　same

16 漢字博士
はかせ

I. タスク

1. 1) 読み　方　　　　　2) 西の　方*1)
　　　よ　（　　）　　　　　　にし（ほう）

2. 1) 電車を　降　ります　　2) 雨が　降　ります
　　　でんしゃ（　　）　　　　あめ（　　）

II. タスク

1. 読みます　＋　方　→　読み方　　…　漢字　の　読み方
　　よ

2. ⬚⬚⬚⬚⬚　＋　方　→　書き方　　…　漢字　の　書き方
　　　　　　　　　　　　　　　か

3. 使います　＋　方　→　⬚⬚⬚⬚⬚　…　ことば　の　使い方
　　つか

4. 作ります　＋　方　→　作り方　　…　⬚⬚⬚⬚⬚　の　作り方
　　つく

III. タスク

1. あの方を　　•　　　　•　a. 降っていますか。

2. 映画は　　•　　　　•　b. 知っていますか。
　　えいが

3. 意見を　　•　　　　•　c. 終わりましたか。
　　いけん

4. 雨が　　　•　　　　•　d. 言いましたか。
　　あめ

IV. 読み物
　　　よ　もの

───── 同窓会*2) ─────
　　　　　　　　　　　　どうそうかい

　彼とわたしは高校が同じでした。わたしは彼と同じ大学へ行
　かれ
きたいと思いました。毎日、朝から晩まで勉強しました。わた
しはA大学に入ることができました。でも、彼は入ることがで
きませんでした。わたしは彼に、待っていると言いました。
　今年、わたしたちは高校の同窓会で会いました。今、彼は奥
　　　　　　　　　　　どうそうかい　　　　　　　　　おく
さんと子どもがいます。今、わたしは主人と子どもがいます。

*1) 方　direction　*2) 同窓会　alumni association　　解答 I．1.1) かた　2.1) お　2) ふ
　　ほう　　　　　　　　どうそうかい
II．2．書きます　3．使い方　4．例：てんぷら　III．2．c　3．d　4．a
　　　　　　　　　　　　　れい

ユニット17

図 館 銀 町 住 度 服 着 音 楽 持

一度遊びに来てください。

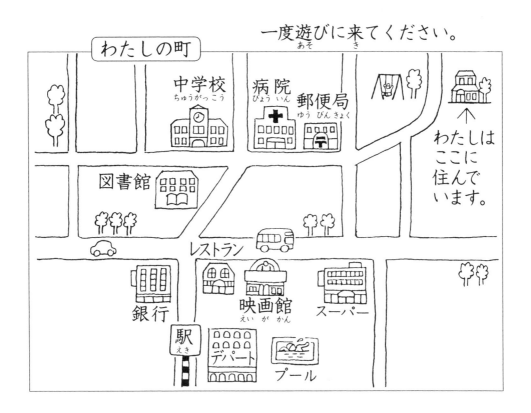

わたしの町

中学校　病院　郵便局

図書館

レストラン

銀行　映画館　スーパー

駅　デパート　プール

わたしはここに住んでいます。

音楽

ビートルズのCDを持っています。

17-A

図	館	銀	町	住	度
177	178	179	180	181	182

I. 読み方
_よ_{かた}

1. 図書館　大学の図書館
   と□しょかん　だいがく　と□しょかん

2. 地図　京都の地図
   ち□ず　きょうと　ち□ず

3. 銀行　近くの銀行
   ぎんこう　ちか　ぎんこう

4. 町　大きい町
   まち　おお　まち

5. 東京に住んでいます
   とうきょう　す

6. 一度　一度も
   いちど　いちど

7. ○近い　海が近いです
   ちか　うみ　ちか

8. 大阪で○生まれました
   おおさか　う

II. 書き方
_か_{かた}

図	丨	冂	冂	冈	図	図	図
館	𠂉	夕	今	飠	飣	飵	館
銀	𠂉	牟	金	釒	鉬	鈤	銀
町	丨	冂	町	田	田	町	町
住	ノ	亻	亻	仁	什	住	住
度	一	广	广	庐	庐	庐	度

III. 使い方
_{つか}_{かた}

1. 図書館へ行きました。わたしの町の古い地図がありました。
   い　　　　　　　ふる

2. ちょっと銀行へ行きます。3時ごろ、帰ります。
   い　　　じ　　　かえ

3. 今、住んでいるうちは古いです。でも、駅から近いです。
   いま　　　　　　ふる　　　　　えき　　ちか

4. 一度も富士山に登ったことがありません。一度、登りたいです。
   ふじさん　のぼ　　　　　　　　のぼ

5. 来年、子どもが生まれます。初めての子どもです。
   らいねん　こ　　　　　　　はじ

17-A

図	館	銀	町	住	度
177	178	179	180	181	182

I. 読み方

1. 図書館　大学の図書館
2. 地図　京都の地図
3. 銀行　近くの銀行
4. 町　大きい町
5. 東京に住んでいます
6. 一度　一度も
7. ○近い　海が近いです
8. 大阪で○生まれました

II. 書き方

図	丨	冂	冂	冈	図	図	図
館	𠂉	夕	今	飠	飣	飵	館
銀	𠂉	牟	金	釒	鉬	鈤	銀
町	丨	冂	町	田	田	町	町
住	ノ	亻	亻	仁	什	住	住
度	一	广	广	庐	庐	庐	度

III. 使い方

1. 図書館へ行きました。わたしの町の古い地図がありました。

2. ちょっと銀行へ行きます。3時ごろ、帰ります。

3. 今、住んでいるうちは古いです。でも、駅から近いです。

4. 一度も富士山に登ったことがありません。一度、登りたいです。

5. 来年、子どもが生まれます。初めての子どもです。

ユニット17

Ⅰ. 読み方
よ かた

1. 服　服を着ます
   ふく　ふく き

2. 着物　上着　下着
   き もの　うわ ぎ　した ぎ

3. 音楽　音楽を聞きます
   おんがく　おんがく き

4. 楽しい　楽しい夏休み
   たの　たの なつやす

5. かばんを持ちます　イタリアの車を持っています
   も　　　　　　　　くるま　も

Ⅱ. 書き方
か かた

服	ノ	刀	月	厈	服	服	服
着	丶	ﾂ	羊	羊	着	着	着
音	丶	亠	亠	立	立	音	音
楽	ノ	冂	白	泊	冘	楽	楽
持	一	十	扌	扩	拌	持	持

Ⅲ. 使い方
つか かた

1. 荷物が多いですね。1つ持ちましょうか。
   に もつ おお　　　ひと

2. 山川さんは音楽が好きです。
   やまかわ　　　　　　　　す

3. 山川さんとコンサートに行きました。山川さんは白い服を着て
   やまかわ　　　　　　　い　　　　　　　　　　しろ

   いました。コンサートが終わってから、食事しました。
   お　　　　　　しょくじ

   楽しかったです。

4. 山川さんの写真をいつも持っています。
   やまかわ　　しゃしん

17　漢字博士
はかせ

Ⅰ．タスク

服　着物　図書館　町　音楽

1. 青い　　| 服 |　| |
   あお
2. 広い　　| 図書館 |　| |
   ひろ
3. 古い　　| 着物 |　| 町 |　| |　| |　| |
   ふる

Ⅱ．タスク

1. お正月に　　•
   しょうがつ
2. 銀行で　　•
3. ＣＤで　　•
4. 図書館で　　•

•　a．お金を下ろします
　　　　かね　お
•　b．着物を着ます
•　c．本を借ります
　　　　ほん　か
•　d．音楽を聞きます
　　　　　　　　き

Ⅲ．読み物
よ　もの

────── 40 年 ──────

　わたしたちは 40 年前にこの町へ来ました。この町は新しい町
でした。駅は遠くて、近くに店がありませんでした。でも、公
　　　　　とお　　　　　　　　　　　　　　　　　　　こう
園が多くて、いつも子どもが遊んでいました。
えん　　　　　　　　　　あそ

　町はだんだん大きくなりました。新しい駅ができて*1)、駅の
近くにデパートや銀行もできました。わたしたちの子どもは中
学生になって、高校生になって、大学生になりました。そして、
うちを出ました。

　今、わたしは 70 歳です。時々、主人と公園を歩きます*2)。
　　　　　　　　さい　　　　　　　　　　　　　　ある
公園はいつも静かです。
　　　　　しず

---

*1) できます　be built　*2) 歩きます　walk
　　　　　　　　　　　　　　ある
解答　Ⅰ．1．着物　2．町　3．服／図書館／音楽　Ⅱ．2．a　3．d　4．c
かいとう

春夏秋冬道堂建病院体運乗

①車に乗ります。
くるま

②車を運転します。
くるま

③病院へ行きます。
い

④病院の建物は
大きいです。
おお

⑤病院の食堂で食べます。
た

18-A

春	夏	秋	冬	道	堂	建
188	189	190	191	192	193	194

Ⅰ. 読み方
かた

1. 春　夏　秋　冬
はる　なつ　あき　ふゆ

2. 春休み　　夏休み　　冬休み
はるやす　　なつやす　　ふゆやす

3. 道　広い道
みち　ひろ　みち

4. 食堂　　学生食堂
しょくどう　　がくせいしょくどう

5. 建物　　高い建物
たてもの　　たか　たてもの

Ⅱ. 書き方
か　かた

春	一	二	三	夫	夫	春	春
夏	一	丆	币	百	頁	夏	夏
秋	ノ	二	千	禾	利	秒	秋
冬	ノ	ク	夂	冬	冬		
道	丷	䒑	芢	首	首	道	道
堂	丶	丷	丷	丷	严	尚	堂
建	一	二	ヨ	彐	聿	建	建

Ⅲ. 使い方
つか　かた

1. 春は暖かいです。夏は暑いです。秋は涼しいです。冬は寒いです。
　　あたた　　　　　あつ　　　　　　すず　　　　　　　さむ

2. 夏休みは北海道でアルバイトをします。冬休みは国へ帰ります。
　　　　　ほっかいどう　　　　　　　　　　　　　くに　かえ

3. 日本の秋はいい季節です。でも、短いです。
　にほん　　　　きせつ　　　　　みじか

4. 図書館へ行く道がわかりません。地図をかいてください。
　としょかん　い　　　　　　　　ちず

5. わたしの大学の食堂は木の建物です。とても古い建物です。
　　　　　だいがく　　　き　　　　　　　　ふる

Ⅰ. 読み方

1. 病気　病気の人　　　2. 病院
　びょうき　びょうき　ひと　　　　びょういん

3. 体　体に悪い　　　4. 運転　車を運転します
　からだ　からだ　わる　　　　うんてん　くるま　うんてん

5. 車に乗ります
　くるま　の

Ⅱ. 書き方

病	亠	广	疒	疒	疒	疒	病
院	⸌	⻖	⻖	⻖	陼	陀	院
体	ノ	イ	仁	什	休	休	体
運	⺍	⼌	亘	軍	軍	運	運
乗	一	二	三	垂	垂	乗	乗

Ⅲ. 使い方

1. 父は病院が嫌いです。最近、体の調子がよくないです。でも、
　ちち　　　　きら　　　　さいきん　　　ちょうし

　病院へ行きません。
　　　　い

2. 母はダイエットをしましたから、病気になりました。
　はは

3. 山田さんのお父さんは80歳ですが、車の運転が好きです。
　やまだ　　　とう　　　さい　　　くるま　　　　す

　家族はとても心配しています。
　かぞく　　　しんぱい

4. 先月、東京へ行ったとき、初めて新幹線に乗りました。
　せんげつ　とうきょう　い　　　はじ　しんかんせん　の

　新大阪で乗って、東京で降りました。
　しんおおさか　　　　　　　お

18　漢字博士
はかせ

Ⅰ. タスク

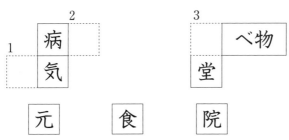

```
            2
    ┌──┬──┐           3
  1 │病│  │       ┌──┬────┐
┌─┼──┼──┘       │  │ベ物│
│  │気│           ├──┼────┘
└─┴──┘           │堂│
                    └──┘
```

| 元 | 食 | 院 |

Ⅱ. タスク

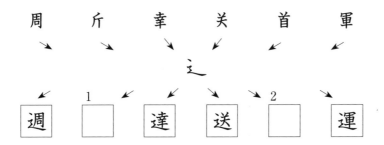

```
周    斤    幸    关    首    軍
 ↘    ↘    ↘    ↘    ↙    ↙
            之
 ↙  1 ↙    ↓    ↓  2 ↘    ↘
週 [  ] 達   送  [  ]   運
```

Ⅲ. タスク

1. 春は•

2. 夏は•

3. 秋は•

4. 冬は•

•a. だんだん涼しくなります。そして、
　　木の葉*¹⁾が赤*²⁾や黄色*³⁾になります。
　　き　は　　　あか　　きいろ

•b. 毎日、暑いです。ビールがおいしいです。
　　まいにち　あつ
　　海や川で泳ぎます。
　　うみ　かわ　およ

•c. 桜の花がきれいです。花の下で、お酒を
　　さくら　はな　　　　　した　　さけ
　　飲んだり、歌ったりします。
　　の　　　うた

•d. 暖かいコートを着ます。時々、雪が降ります。
　　あたた　　　　　き　　ときどき　ゆき　ふ

---

*¹⁾ 葉 leaf　*²⁾ 赤 red　*³⁾ 黄色 yellow　解答　Ⅰ. 1. 元　2. 院　3. 食　Ⅱ. 1. 近
　　は　　　　あか　　　きいろ　　　　　かいとう
2. 道　Ⅲ. 2. b　3. a　4. d

家 内 族 兄 弟 奥 姉 妹 海 計

家 族

山田さんと奥さん
やまだ

わたしと家内

A：お兄さんですか？
B：いいえ、姉です。

A：お姉さんですか？
B：いいえ、弟です。

Ⅰ. 読み方
<small>よ かた</small>

1. 家* 先生の家
<small>いえ せんせい いえ</small>

2. 家内
<small>かない</small>

3. 家族
<small>かぞく</small>

4. 兄 お兄さん
<small>あに にい</small>

5. 弟 弟さん
<small>おとうと おとうと</small>

6. 兄弟 3人兄弟
<small>きょうだい にんきょうだい</small>

7. 奥さん 田中さんの奥さん
<small>おく たなか おく</small>

Ⅱ. 書き方
<small>か かた</small>

家	宀	宀	宁	宇	家	家	家
内	丨	冂	内	内			
族	亠	方	方	扩	扩	族	族
兄	丶	口	口	尸	兄		
弟	丶	丷	丷	肖	肖	弟	弟
奥	丿	冂	冂	南	奧	奥	奥

Ⅲ. 使い方
<small>つか かた</small>

1. わたしの家族は3人です。家内と男の子が1人います。
<small>にん おとこ こ ひとり</small>

2. 近くに両親の家があります。両親は兄と住んでいます。
<small>ちか りょうしん す</small>

3. 家内は兄弟がいません。

4. 山田さんは小学校の先生です。山田さんの奥さんは中学校の
<small>やまだ しょうがっこう せんせい ちゅうがっこう</small>

   先生です。山田さんのお兄さんは高校の先生です。
<small>こうこう</small>

---

*家 house
<small>いえ</small>

19-B

姉　妹　海　計
206　207　208　209

Ⅰ. 読み方

1. 姉　お姉さん
   あね　ねえ

2. 妹　妹さん
   いもうと　いもうと

3. 海　夏の海
   うみ　なつ　うみ

4. 時計　古い時計
   とけい　ふる　とけい

5. ○音　時計の音
   おと　とけい　おと

6. ○買い物　買い物します
   か　もの　か　もの

Ⅱ. 書き方

姉	く	夕	女	女厂	女厂	姉厂	姉
妹	く	夕	女	女	女夫	妹夫	妹
海	シ	シ	汇	汃	汓	洵	海
計	二	言	言	言	言	訁	計

Ⅲ. 使い方

1. 姉は結婚して、外国に住んでいます。妹は独身です。
   けっこん　がいこく　す　どくしん

2. ニューヨークでミラーさんのお姉さんに会いました。
   あ

   買い物に連れて行ってもらいました。
   か　もの　つ　い

3. 夏はいつも、海でアルバイトをします。
   なつ

4. この時計は父にもらいました。20年前にもらいました。
   ちち　ねんまえ

Ⅰ. まとめ：家族のことば

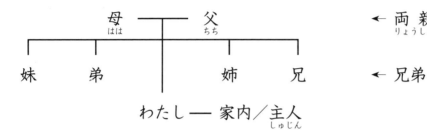

母　　　　父
はは　　　ちち　　　　　　　← 両親
　　　　　　　　　　　　　　　りょうしん

妹　　弟　　　　姉　　兄　　← 兄弟

わたし ― 家内／主人
　　　　　　　　しゅじん

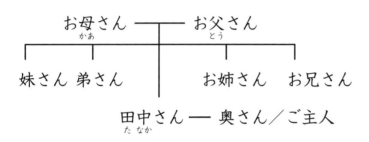

お母さん ―――― お父さん
かあ　　　　　　　　とう

妹さん 弟さん　　　お姉さん　お兄さん

田中さん ― 奥さん／ご主人
たなか

Ⅱ. タスク

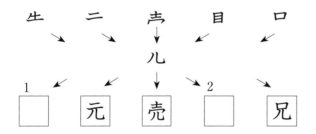

生　　ニ　　声　　目　　口
　↓　　↓　　↓　　↓　　↓
　　　　　　ル

　1　　　　　　　　2
　□　元　売　□　兄

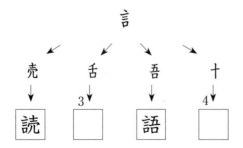

言
↓　　↓　　↓　　↓
売　舌　吾　十
↓　3↓　↓　4↓
読　□　語　□

解答　Ⅱ. 1. 先　2. 見　3. 話　4. 計
かいとう

部 屋 室 窓 開 閉 歌 意 味 天 考

歌の意味を考えます。

部屋の窓を閉めないで。
わたしの歌を聞いてください。
部屋の窓を開けてください。

天気がいい日は教室を出て、外へ行きます。

Ⅰ. 読み方

1. 部屋　わたしの部屋
2. 教室　日本語の教室
3. 窓　部屋の窓
4. 本屋　パン屋
5. 窓を開けます
6. 窓を閉めます
7. 駅まで°歩きます
8. 駅に°着きます

Ⅱ. 書き方

部	亠	立	立	咅	咅	部	部
屋	一	ㄱ	尸	尸	居	屋	屋
室	丶	宀	宀	宝	宏	室	室
窓	宀	空	空	空	窓	窓	窓
開	丨	門	門	門	門	閂	開
閉	丨	尸	門	門	門	閉	閉

Ⅲ. 使い方

1. 夜は暗い部屋でお酒を飲みます。そして、ジャズを聞きます。

2. ホテルに着きました。そして、すぐ部屋の窓を開けました。

3. エアコンをつけました。窓とドアを閉めてください。

4. 時々、みんなで教室を掃除します。

Ⅰ. 読み方
_よ_{かた}

1. 歌を歌います
   _{うた}_{うた}

2. 意味　　ことばの意味
   _{い み}　　　　　　　_{い み}

3. 天気　　天気が悪い
   _{てん き}　　_{てん き}　_{わる}

4. 家族のことを考えます
   _{か ぞく}　　　　　_{かんが}

5. ○山　　山へ行きます
   _{やま}　　_{やま い}

6. ○川　　川の水
   _{かわ}　　_{かわ みず}

7. ○自分で料理を作ります
   _{じ ぶん}　_{りょう り}　_{つく}

Ⅱ. 書き方
_か_{かた}

歌	一	哥	可	哥	哥	歌	歌
意	亠	立	产	音	音	意	意
味	丨	口	口	吽	吽	咪	味
天	一	二	天	天			
考	一	十	土	耂	耂	考	

Ⅲ. 使い方
_{つか}_{かた}

1. 趣味は歌を歌うことです。でも、カラオケは嫌いです。
   _{しゅ み}　　　　　　　　　　　　　　　　　　_{きら}

2. 日曜日、いい天気だったら、山へ行って、川の水で昼ごはんを
   _{にちよう び}　　　_{てん き}　　　_{やま い}　　_{かわ みず}_{ひる}

   作りましょう。
   _{つく}

3. まず、自分で漢字の意味を考えます。次に、辞書を見ます。わ
   _{じ ぶん}　_{かん じ}　_{い み}　　　　　_{つぎ}　_{じ しょ}　_み

   からなかったら、先生に聞きます。
   _{せんせい}　_き

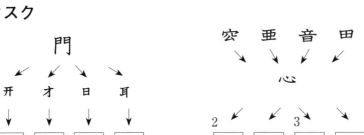

I. タスク

門
→ → → →
开 オ 日 耳
1↓ ↓ ↓ ↓
□ 閉 間 聞

窊 亜 音 田
↓ ↓ ↓ ↓
心
2↓ ↓ 3↓ ↓
□ 悪 □ 思

宀
→ → → → →
豕 女 寢 至 怂 子
↓ ↓ ↓ 4↓ 5↓ ↓
家 安 寝 □ □ 字

II. 読み物
よ もの

――――――――――――――――――― どうして ―――

A：部屋が暑かったら、窓を閉めてください。
　　　　あつ

B：どうして。

A：エアコンをつけますから。じゃ、勉強を始めますから、教
　　　　　　　　　　　　　　　　　　　はじ
　室の電気を消してください。
　　　　　　け

B：どうして。

A：今から映画を見ますから。

B：わかりました。

Aは （ 先生　学生　銀行員 ）です。

―――――――――――――――――――――――――――――――

解答　I. 1. 開　2. 窓　3. 意　4. 室　5. 窓　II. 先生
かいとう

漢字忍者4
にんじゃ

まとめ：漢字の形

Ⅰ. （Left）

亻	休	何	借	使	作	便	仕	住	体	etc.
	47	49	115	130	131	143	152	181	197	

亻＝人 （human being）
　　ひと

亻 suggests a connection with human beings/human actions/activities.

彳	後	行	待	往	復	etc.
	46	50	123			

彳 suggests a connection with coming or going.

往復します *go and come back, make a round trip*
おうふく

氵	酒	漢	海	洗	泳	消	etc.
	103	174	208				

氵＝水 （water）
　　みず

氵 suggests a connection with water.

洗います *wash*　泳ぎます *swim*　消します *turn off*
あら　　　　　　およ　　　　　　け

土	地	場	坂	城	etc.
	150				

土＝土 （soil）
　　つち

土 suggests a connection with earth/soil.

場所 *place*　坂 *slope*　城 *castle*
ばしょ　　　さか　　　しろ

阝	降 院 階 除 隣 etc.
	166 196

阝 suggests a connection with hilly terrain/soil.

〜階 *〜 th floor*　掃除します *clean (a room)*
かい　　　　　　　　そうじ

隣　*next, next door*
となり

弓	強 引 張 etc.
	120

弓 ＝ 弓 （bow）
　　　ゆみ

弓 suggests a connection with bows.

引きます *pull*　出張します *go on a business trip*
ひ　　　　　　　しゅっちょう

女	好 姉 妹 始 etc.
	77 206 207

女 ＝ 女 （woman）
　　　おんな

女 suggests a connection with women.

始めます *start, begin*
はじ

口	味 呼 吸 吹 etc.
	218

口 ＝ 口 （mouth）
　　　くち

口 suggests a connection with the mouth.

呼びます *call*　吸います *suck, absorb, smoke*
よ　　　　　　　　す

吹きます *blow*
ふ

扌	持 払 押 指 etc.
	187

扌 ＝手 （hand）
て

扌 suggests a connection with hands/actions performed by using one's

hands.

払います *pay*　押します *push*　指 *finger*
はら　　　　　　お　　　　　　　ゆび

牛	物 牧 特 etc.
	83

牛 ＝牛 （cow）
うし

牛 suggests a connection with cows/stock farms.

牧場　*stock farm*　特に *especially*
ぼくじょう　　　　　　とく

木	校 机 林 枝 etc.
	52

木 ＝木 （tree）
き

木 suggests a connection with trees/wood.

机 *desk*　林 *grove, woods*　枝 *twig, branch*
つくえ　　　はやし　　　　　　えだ

礻	社 神 祈 禅 etc.
	29

礻 suggests a connection with god/something spiritual.

神 *god*　お祈り *prayer*　禅 *zen*
かみ　　　いの　　　　　　ぜん

方	旅 族 放 etc.
	116 202

方 ＝ 方 （direction, method）
ほう／かた

放送 *broadcasting*
ほうそう

王 161	理　現　球　etc.

王 ＝王 (king)
　　　おう

現代　*modern times, present day*　野球　*baseball*
げんだい　　　　　　　　　　　や きゅう

日	晩　時　映　明　暗　曜　etc.
	40　41　107　132　133　165

日 ＝日 (sun)
　　　ひ

日 suggests a connection with the sun/day.

月 183	服　脱　胸　腕　etc.

月 ＝月 (moon)
　　　つき

月 suggests a connection with the body.

脱ぎます　*take off (clothes)*　胸　*breast*　腕　*arm*
ぬ　　　　　　　　　　　　　　　むね　　　　　うで

禾	利　秋　私　穫　etc.
	144　190

禾 depicts a rice plant, and suggests a connection with rice/grain.

私　*I, me*　収穫　*harvest, crop*
わたくし　　　しゅうかく

矢	短　知　矯
	138　171

矢 ＝矢 (arrow)
　　　や

矯正します　*correct, cure (a bad habit)*
きょうせい

| 米 160 | 料　粉　糖　etc. |

米 ＝ 米 (rice)
こめ

米 suggests a connection with rice/grain.

粉 *flour, powder*　砂糖 *sugar*
こな　　　　　　　　さ とう

| 糸 | 紙　終　結　細　etc. |
| | 106　169 |

糸 ＝ 糸 (thread)
いと

糸 suggests a connection with thread.

結婚します *get married*　細い *thin*
けっこん　　　　　　　　　　ほそ

| 言 | 読　話　語　計　説　調　etc. |
| | 94　96　111　209 |

言 ＝ 言 (say)
い (います)

言 suggests a connection with verbal communication.

説明します *explain*　調べます *check, investigate*
せつめい　　　　　　　しら

| 車 | 転　軽　輪　輸　etc. |
| | 60　141 |

車 ＝ 車 (car)
くるま

車 suggests a connection with cars/transportation.

車輪 *wheel*　輸出します *export*　輸入します *import*
しゃりん　　　ゆ しゅつ　　　　　　ゆ にゅう

| 金 | 鉄　銀　銅　etc. |
| | 151　179 |

金 ＝ 金 (metal)
かね

金 suggests a connection with metal.

鉄 *iron*　銅 *copper*
てつ　　　　どう

食 ＝ 食 （meal, eat）
しょく／た（べます）

食 suggests a connection with food/eating.

ご飯 *meal, rice*　　飼います *keep (a dog/cat/etc.)*
はん　　　　　　　　か

馬 ＝馬 （horse）
うま

馬 suggests a connection with horses/transportation.

駐車場 *parking lot*　　騎士 *knight*
ちゅうしゃじょう　　　　　　き し

Ⅱ. 　（Right）

力 ＝ 力 （power）
ちから

力 suggests a connection with power/labor.

働きます *work*　　助けます *help, rescue*
はたら　　　　　　　たす

刀 ＝ 刀 （sword）
かたな

刀 suggests a connection with swords/cutting.

初めて *for the first time*
はじ

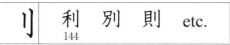

リ ＝ 刀 （sword）
　　　かたな

リ suggests a connection with swords/cutting.

　別々に *separately*　規則 *rule*
　べつべつ　　　　　　き そく

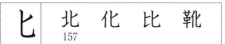

ヒ depicts a spoon.

　文化 *culture*　比べます *compare*　靴 *shoes*
　ぶん か　　　　 くら　　　　　　　　 くつ

丁 depicts a nail.

　打ちます *hit*　灯台 *lighthouse*　訂正 *correction*
　う　　　　　　 とうだい　　　　　　 ていせい

阝	部　郵　都　etc.
	210

阝 suggests a connection with villages/places where people live.

　郵便局 *post office*　京都 *Kyoto*
　ゆうびんきょく　　　　 きょう と

斤	新　近　所　祈　etc.
	65　 84

斤 depicts an ax.

　所 *place*　お祈り *prayer*
　ところ　　　 いの

欠	飲 歌 次 欲 etc.
	82　216

欠＝欠 (shortage, lack)
けつ

次の *next*　欲しい *want*
つぎ　　　　　　　ほ

攵	教 枚 数 攻 etc.
	117

攵 depicts a person holding a stick, and suggests a connection with hitting/forcing someone to do something.

〜枚 (counter for thin, flat objects)　数 *number*
　まい　　　　　　　　　　　　　　　　　かず

攻撃 *attack*
こうげき

月	朝 明 期 朗
	38　132

月＝月 (moon)
つき

月 suggests a connection with the moon.

学期 *term, semester*　明朗な *cheerful*
がっき　　　　　　　　　めいろう

寺	時 待 持 特 etc.
	41　123　187

寺＝寺 (temple)
てら

特に *especially*
とく

帚	帰 婦 掃
	99

帚＝帚 (broom)
ほうき

帚 suggests a connection with brooms/cleaning.

主婦 *housewife*　掃除します *clean (a room)*
しゅふ　　　　　　そうじ

Ⅲ.  （Top）

亠	六 高 立 京 夜 方 etc.
	16 61 124 158 159 176

𠆢	金 会 今 食 全 etc.
	6 28 37 81

全部 *all*
ぜん ぶ

八	分 公 貧 etc.
	42

公園 *park*　貧乏な *poor*
こうえん　　　びんぼう

冖	写 冗 軍 冠
	104

冗談 *joke*　軍 *army*　冠 *crown*
じょうだん　　ぐん　　かんむり

十	古 真 南 etc.
	66 105 156

十 ＝ 十 （ten）
じゅう

艹	茶 英 花 薬 菜 etc.
	102 110 121

艹 suggests a connection with grass/plants.

薬 *medicine*　野菜 *vegetable*
くすり　　　　や さい

丷	前 普 首 etc.
	45

普通の *common, ordinary*　首 *neck*
ふ つう　　　　　　　　　　くび

口	足	兄	員	号	品	etc.
	164	203	30			

ロ ＝口 （mouth）
　くち

番号 *number*　品物 *merchandise*
ばんごう　　　　しなもの

土	去	赤	走	寺	幸	
	54	69				

土 ＝土 （soil）
　つち

走ります *run*　寺 *temple*　幸せな *happy*
はし　　　　　てら　　　　しあわ

宀	安	寝	字	家	室	窓	etc.
	62	168	175	200	212	213	

宀 depicts a roof, and suggests a connection with roofs/houses.

圭	青	表	麦	etc.	
	67				

表 *surface, face*　麦 *wheat, barley*
おもて　　　　　　むぎ

止	歩	歯	歳	肯	
	122				

止 ＝止 （stop）
　と （めます）

歯 *teeth*　～歳 *~ year(s) old*　肯定します *affirm*
は　　　　さい　　　　　　　こうてい

耂	者	考	老	孝	
	32	220			

耂 depicts an old person.

老人 *old person*　親孝行 *filial piety*
ろうじん　　　　　おやこうこう

日 142	早 暑 最 etc.

日 ＝ 日 (the sun)
ひ

日 suggests a connection with the sun/day.

暑い *hot*　最近 *lately*
あつ　　　　さいきん

四 97	買 置 罪 罰 etc.

置きます *put*　罪 *sin*　罰 *punishment*
お　　　　　　つみ　　　ばつ

田	男 89　思 167　界 胃 etc.

田 ＝ 田 (rice field)
た

世界 *world*　胃 *stomach*
せ かい　　　　い

立	音 185　意 217　辛 章 etc.

立 ＝ 立 (stand)
た (ちます)

辛い *spicy, hot*　章 *chapter*
から　　　　　　しょう

覚	学 25　覚 労 etc.

覚えます *remember*　労働 *labor*
おぼ　　　　　　　　ろうどう

常	堂 193　賞 常 etc.

賞 *prize*　日常 生活 *daily life*
しょう　　　にちじょうせいかつ

差 *gap* 教養 *culture, education*
さ　　　きょうよう

雷 ＝雨 （rain）
　　　あめ

雷 suggests a connection with rain.

雲 *cloud* 雪 *snow*
くも　　　ゆき

IV.　　　（Bottom）

力	男 労 努 etc.
	89

力 ＝力 （power）
　　　ちから

力 suggests a connection with power/labor.

労働 *labor* 努力 *effort*
ろうどう　　　どりょく

儿	先 見 売 元 兄 etc.
	27　95　129　145　203

儿 ＝人 （person）
　　　ひと

儿 suggests a connection with human beings/human actions/activities.

女	安 要 妻 婆 etc.
	62

女 ＝女 （woman）
　　　おんな

女 suggests a connection with women.

要ります *need* 妻 *my wife* 老婆 *old woman*
い　　　　　　つま　　　　ろうば

子 ＝子 (child)
き
子
こ

季節 season
き せつ

朩 ＝木 (tree)
き

朩 suggests a connection with trees/wood.

薬 medicine　案内します show around　野菜 vegetable
くすり　　　　　あんない　　　　　　　　　や さい

日	者	書	音	春	暑	昔	etc.
	32	92	185	188			

日 ＝日 (the sun)
ひ

日 suggests a connection with the sun/day.

暑い hot　昔 long ago, before
あつ　　　　むかし

心	悪	思	窓	意	忘	急	etc.
	139	167	213	217			

心 ＝心 (heart)
こころ

心 suggests a connection with the mind/heart.

忘れます forget　急ぎます hurry
わす　　　　　　いそ

灬	黒	点	然	熱	etc.
	70				

灬 ＝火 (fire)
ひ

灬 suggests a connection with fire/heat.

〜点 point, mark　自然 nature　熱 fever
てん　　　　　　　　し ぜん　　　　　ねつ

灬 in 魚 (80) depicts a tail fin of a fish.
さかな

貝 ＝貝 （shell）
　　かい

貝　suggests a connection with money.

負けます *lose (a game)*
ま

V.　　(Top and Left)

广　depicts the ridge of a roof, and suggests a connection with roofs/ houses.

座ります *sit*　庭 *garden*
すわ　　　　　　にわ

尸　屋　昼　局　居　etc.
　　211　39

郵便局　post office　住居　residence
ゆうびんきょく　　　　じゅうきょ

疒　suggests a connection with illness/disease.

疲れます *get tired*　痛い *hurt, be painful*
つか　　　　　　　　いた

VI.  （Left and Bottom）

廴	建 延 廷
	194

延期します *postpone*　法廷 *law court*
えん き　　　　　　　　ほうてい

辶	週　近　達　送　道　運　etc.
	53　84　101　112　192　198

辶 suggests a connection with streets.

走	起　趣　越　etc.
	98

走 ＝走 （run）
　　はし （ります）

趣味 *hobby*　引っ越しします *move (house)*
しゅみ　　　　ひ　こ

免	勉
	119

VII.  （Enclosure）

囗	国　図　困　園　etc.
	35　177

囗 suggests a connection with boundaries/borders.

困ります *be embarrassed, have difficulty*　公園 *park*
こま　　　　　　　　　　　　　　　　　　こうえん

冂	円　肉　同　内　etc.
	24　79　173　201

門 ＝門 （gate）
　もん

門 suggests a connection with gates.

問題 *question, trouble*
もんだい

凶悪な *terrible, brutal*
きょうあく

匚 depicts a box.

区 *ward*　〜匹 （counter for small animals）
く　　　　　ひき

漢字忍者　解答
かんじ にんじゃ　かいとう

漢字忍者　1
かんじ にんじゃ

Ⅰ．1．月、日、水　2．会社員、先生、学生　3．今、時、分　4．今晩

　　5．自転車、電車　6．今年、来週

Ⅱ．1．1）去　2）電　3）学　2．1）晩　2）後、行　3）休

漢字忍者　2
かんじ にんじゃ

Ⅰ．1．1）中　2）左　3）前　4）男の子　5）母　6）ご主人　2．1）小さい

　　2）安い　3）古い　4）高い　5）好きな　6）上手な

Ⅱ．1．1）友　2）右　3）店　2．1）週　2）近　3）起　3．1）円、円　2）聞

　　3）間

漢字忍者　3
かんじ にんじゃ

Ⅰ．1．（×）大きい昼ごはん　2．（×）長い人　3．（×）新しい昼休み
　　　　　　　　　ひる　　　　　　　　　　ひと　　　　　　　　　　　ひるやす

　　4．（×）暗いコーヒー　5．（×）元気な肉　6．（×）有名な時間
　　　　　　　　　　　　　　　　　　　　　　　　　　　　　　　　　　じかん

　　7．（×）親切な料理

Ⅱ．1．話、右、短、京、はなし、みぎ・め、みじかい、とうきょう　2．自、

　　見、真、親、じてんしゃ、み、しゃしん、しんせつな　3．赤、待、地、軽、

　　あかい、まち、ちかてつ、かるい　4．休、校、新、利、ひるやすみ、こ

　　うこう、しんぶん、べんりな　5．古、南、早、朝、ふるい、みなみ、

　　はやい、けさ

Ⅲ．1．勉強し　2．入り　3．習い　4．止め　5．出

Ⅰ. ＿＿＿＿ の読み方を書いてください。
　　　　　　よ　かた　か

　1. 今日は火曜日です。
　　　きょう

　2. 月曜日から金曜日まで働きます。
　　　　　　　　　　　　　はたら

　3. 水曜日に東京へ行きます。木曜日に帰ります。
　　　　　　　とうきょう　い　　　　　　　　かえ

　4. 日曜日に中川さんのうちへ行きます。
　　　　　　　　　　　　　　　　い

Ⅱ. 漢字で書いてください。
　　かんじ　か

　1. ☐曜日
　　　ど　ようび

　2. ☐☐さん
　　　やま　かわ

Ⅰ. ＿＿＿＿の読み方を書いてください。
　　　　　　よ　かた　か

　1．来月の四日から七日まで休みます。
　　　らいげつ　　　　　　　　　　やす

　2．八日は会社へ行きます。
　　　　　　かいしゃ　い

　3．学校は七月二十日から八月三十一日まで休みです。
　　　がっこう　しちがつ　　　　　はちがつ　　　　　　　やす

　4．わたしの時計は千九百円です。中川さんの時計は五万円です。
　　　　　とけい　　　　　　　　　なかがわ　　　　　　　

Ⅱ. 漢字で書いてください。
　　かんじ　か

　1．□月
　　　に　がつ

　2．□月
　　　ろく　がつ

　3．□月
　　　く　がつ

Ⅰ.＿＿＿＿の読み方を書いてください。
　　　　よ　かた　か

　1．ワンさんは医者です。中国人です。

　2．わたしはさくら大学の学生です。

　3．山田さんは会社員です。
　　　やまだ

　4．先月、日本へ来ました。
　　　　　　　　　　　　き

Ⅱ.漢字で書いてください。
　かんじ　か

　1．☐☐
　　　せん　せい

　2．あの　☐
　　　　　　ひと

Ⅰ. ＿＿＿＿の読み方を書いてください。
　　　　　　　よ　かた　か

　1. 今日、昼休みに銀行へ行きます。
　　　　　　　　　　　ぎんこう　　い

　2. 今朝、7時半に起きました。
　　　　　　　　　　　お

　3. 毎晩、10時にうちへ帰ります。
　　　　　　　じ　　　　　かえ

　4. 銀行は午前9時から午後3時までです。
　　　ぎんこう　　　　　じ

Ⅱ. 漢字で書いてください。
　　かんじ　か

　1. 45 □
　　　　　ふん

　2. □
　　　いま

　3. □ ですか。
　　　なん

名前

Ⅰ．＿＿＿の読み方を書いてください。
　　　　　よ　かた　か

　1．電車で学校へ行きます。

　2．駅はあちらです。

　3．これは中川さんの自転車です。
　　　　　　　なかがわ

　4．田中さんの誕生日は来週の水曜日です。
　　　　たなか　　　　たんじょうび　　　　　　すいようび

　5．ミラーさんは今年の８月に国へ帰ります。
　　　　　　　　　　　　　がつ　くに　かえ

Ⅱ．漢字で書いてください。
　　　かんじ　か

　1．☐ます
　　　き

　2．☐☐
　　　きょ　ねん

Ⅰ. ＿＿＿＿の読み方を書いてください。
よ　かた　か

1. 大阪は大きい町です。高いビルがたくさんあります。
おおさか　　　　　まち

2. わたしは毎日車で大学へ行きます。新しい車です。
まいにち　　　　　い

3. 駅で新聞を買いました。
えき　　　　か

4. 庭に黒い犬がいます。
にわ　　　いぬ

Ⅱ. 漢字で書いてください。
かんじ　か

1. ☐ い
あお

2. ☐ さい
ちい

3. ☐ い
ふる

Ⅰ. ＿＿＿＿の読み方を書いてください。
よ　かた　か

1. 主人はビールが好きです。毎晩、飲みます。
　　　　　　　　　　　　　まいばん

2. きのう新しい魚をもらいました。
　　　　あたら　　　

3. 冷蔵庫に食べ物が何もありません。
　　れいぞうこ　　　　　　　　　　なに

4. 田中さんのお母さんは料理が上手です。
　　たなか　　　　　　　　　　りょうり

Ⅱ. 漢字で書いてください。
かんじ　か

1. いすの ☐
　　　　　うえ

2. ベッドの ☐
　　　　　　した

3. ☐
　　て

I. _____の読み方を書いてください。
　　　　よ　かた　か

1. 駅の近くにスーパーがあります。スーパーの前に本屋があります。
　　えき　　　　　　　　　　　　　　　　　　　まえ　ほん や

　　本屋と花屋の間に 魚 屋があります。
　　　　　はな や　　　　さかな や

2. 今朝は、時間がありませんでした。
　　け さ　　　　　　　

　　だから、朝ごはんを食べませんでした。
　　　　　あさ　　　　た

3. うちの外に男の人がいます。

4. 女の子はドアの後ろにいます。

II. 漢字で書いてください。
　　かん じ　か

1. ☐
　　みぎ

2. ☐
　　ひだり

3. ☐
　　なか

名前

Ⅰ. ＿＿＿の読み方を書いてください。
　　　　よ　かた　か

1. 毎朝、6時に起きます。そして、新聞を読みます。
　 まいあさ　じ　　　　　　　　　　　　　　　　よ

2. 時々、テレビを見ます。

3. きのう、国の友達に電話をかけました。
　　　　　くに

4. 新しいパソコンを買いました。パソコンでレポートを書きました。
　 あたら　　　　　　　　　　　　　　　　　　　　　　　　　　か

Ⅱ. 漢字で書いてください。
　　 かんじ　か

1. [　] きます
　　 き

2. [　] います
　　 あ

3. [　] ります
　　 かえ

I.＿＿＿の読み方を書いてください。
　　　　よ　かた　か

1．お茶を飲みませんか。いっしょに旅行の写真を見ましょう。
　　　の　　　　　　　　　　　　りょこう　　　　　み

2．英語の勉強は楽しいです。
　　　　　べんきょう　たの

3．友達に中国語を教えます。そして、日本語を習います。
　ともだち　　　　　おし　　　　　　　　　　　　なら

4．きのうの晩、父に手紙を書きました。
　　　　　ばん　ちち　　　　か

5．母は中国の映画が好きです。
　はは　ちゅうごく　　　す

II．漢字で書いてください。
　　かんじ　か

1．お 　　
　　　さけ

2．　　
　　みせ

3．　　
　　かみ

Ⅰ. ＿＿＿の読み方を書いてください。
よ　かた　か

1. 友達に旅行の写真を送ります。
ともだち　　　　　　しゃしん

2. 兄は英語を教えています。そして、タイ語を習っています。
あに　えいご　　　　　　　　　　　　　　　　　ご　　　　　ら

3. 本を貸してください。
ほん

4. 友達にはさみを借ります。
ともだち

5. 妹 はニューヨークで映画の勉強をしています。
いもうと　　　　　　　　　　　えいが

Ⅱ. 漢字で書いてください。
かんじ　か

1. ☐
　　はな

2. ☐☐
　　きっ　て

Ⅰ.　＿＿＿＿＿の読み方を書いてください。

1. 駅の前に車を止めました。そして、1時間、友達を待ちました。
   えき　まえ　くるま　　　　　　　　　　　じ かん　ともだち

2. 先週、パソコンを売りました。
   せんしゅう

3. 歩いて学校へ行きます。
   　　　　がっこう　い

4. 雨が降っています。
   　　　ふ

5. コンピューターソフトを作ります。

6. パソコンを使います。

Ⅱ.　漢字で書いてください。
　　かんじ　か

1. ☐ります
   はい

2. ☐ます
   で

3. ☐ちます
   た

Ⅰ.　　　　　の読み方を書いてください。
　　　　　　よ　かた　か

　1．わたしの部屋は暗いです。
　　　　　　へや　　　　　

　2．わたしの町は車が多くて、緑が少ないです。
　　　　　　まち　くるま　　　　　　みどり　　

　3．このパソコンは調子が悪いです。早く新しいのを買いたいです。
　　　　　　　　　　ちょうし　　　　　　　　あたら　　　　　か

　4．わたしは髪が長いです。妹は髪が短いです。
　　　　　　かみ　　　　　　いもうと　　　　　

Ⅱ.　漢字で書いてください。
　　　かんじ　か

　1.　□るい
　　　あか

　2.　□い
　　　ひろ

　3.　□い
　　　おも

名前

Ⅰ. ＿＿＿＿＿の読み方を書いてください。
よ かた か

1. 会社の名前を教えてください。
かいしゃ おし

2. 地下鉄で会社へ行きます。ＪＲより速くて、便利です。
ちかてつ かいしゃ い はや べんり

3. 会社は有名ですが、仕事はおもしろくないです。
かいしゃ ゆうめい しごと

4. 山川さんはとても親切な人です。
やまかわ しんせつ ひと

5. 部屋の電気をつけてください。
へ や でんき

Ⅱ. 漢字で書いてください。
かん じ か

1. ☐☐な
  げん き

2. ☐せます
  み

Ⅰ. _____ の読み方を書いてください。
よ　かた　か

1. きのうの夜、日本料理を食べました。
　　　　　　　　　にほん　　　　　た

2. バスで東京へ行きました。
　　　　　　　　　　い

3. 3か月、友達と北アメリカと南アメリカを旅行しました。
　　　げつ　ともだち　　　　　　　　　　　　　りょこう

4. 休みは日曜日だけです。土曜日は休みじゃありません。
　　やす　　　　　　　　　ど

5. わたしは西ヨーロッパが好きです。
　　　　　　　　　　　　　す

Ⅱ. 漢字で書いてください。
かんじ　か

1. ☐
　くち

2. ☐
　め

3. ☐
　あし

Ⅰ.　＿＿＿＿の読み方を書いてください。
　　　　　　よ　かた　か

　1.　会議は何時に終わると思いますか。
　　　かいぎ　なんじ

　2.　この漢字の読み方がわかりません。

　3.　あの方を知っていますか。
　　　　　かた

　4.　今日は朝から雨が降っています。
　　　きょう　あさ　　あめ

　5.　きのうの晩、1時に寝ました。
　　　　　　　ばん　　じ

Ⅱ.　漢字で書いてください。
　　　かんじ　か

　1.　□じ
　　　おな

　2.　□います
　　　い

　3.　□します
　　　はな

I.　＿＿＿＿の読み方を書いてください。
　　　　　　よ　かた　か

　1.　地図を持っています。

　2.　駅から銀行まで5分ぐらいです。
　　　えき　　　　　　　　ふん

　3.　新しい服を着ます。
　　　あたら

　4.一度も図書館へ行ったことがありません。
　　　　　　　　　　　　い

II.　漢字で書いてください。
　　　かん じ　か

　1.　□
　　　まち

　2.　□しい
　　　たの

　3.　□んでいます
　　　す

Ⅰ. _____の読み方を書いてください。
よ かた か

1. 夏は暑いです。冬は寒いです。
　 あつ　　　　　 さむ

2. わたしの家の近くは道が狭いです。
　　　　　 いえ　ちか　　　 せま

3. 大学の食堂は木の建物です。古い建物です。
　 だいがく しょくどう き　　　　　　　　 ふる

4. 父は病院が嫌いです。薬も飲みません。
　 ちち　　　　 きら　　　　 くすり　 の

5. 妹の趣味は車の運転です。
　 いもうと しゅみ くるま

6. 東京へ行ったとき、初めて新幹線に乗りました。
　 とうきょう い　　　　　　 はじ しんかんせん

Ⅱ. 漢字で書いてください。
　 かんじ　 か

1. ☐
　 あき

2. ☐
　 はる

3. ☐
　 からだ

ユニット19 クイズ　　　　名前

I. ＿＿＿＿の読み方を書いてください。
よ　かた　か

1. わたしの<u>家族</u>は３人です。<u>家内</u>と<u>子</u>どもが<u>１人</u>います。
にん　　　　　　こ　　　ひとり

2. <u>近</u>くに<u>両親</u>の家があります。<u>両親</u>は兄と<u>住</u>んでいます。
ちか　りょうしん　　　　　　　　　　　　　　す

3. ミラーさんの<u>お姉さん</u>に<u>買い物</u>に<u>連れて行</u>ってもらいました。
か　もの　つ　い

4. 父にもらった<u>時計</u>が<u>動</u>きません。
ちち

II. 漢字で書いてください。
かんじ　か

1. お □ さん
にい

2. □
いもうと

3. □
おと

I．＿＿＿＿の読み方を書いてください。
よ　かた　か

　1．ホテルに<u>着</u>きました。そして、すぐ<u>部屋</u>の<u>窓</u>を<u>開</u>けました。

　2．<u>教室</u>のドアを<u>閉</u>めてください。

　3．<u>毎晩</u>、<u>自分</u>で<u>料理</u>を<u>作</u>ります。
　　まいばん　　　　　　　　りょう り　　つく

II．漢字で書いてください。
　かんじ　か

　1．□□
　　てん　き

　2．□えます
　　かんが

クイズ　解答
かいとう

ユニット 1
Ⅰ．1．かようび　2．げつようび、きんようび　3．すいようび、もくようび　4．にちようび、なかがわさん
Ⅱ．1．土　2．山川

ユニット 2
Ⅰ．1．よっか、なのか　2．ようか　3．はつか、さんじゅういちにち　4．せんきゅうひゃくえん、ごまんえん
Ⅱ．1．二　2．六　3．九

ユニット 3
Ⅰ．1．いしゃ、ちゅうごくじん　2．だいがく、がくせい　3．かいしゃいん　4．せんげつ、にほん
Ⅱ．1．先生　2．人

ユニット 4
Ⅰ．1．きょう、ひるやすみ　2．けさ、しちじはん　3．まいばん　4．ごぜん、ごご
Ⅱ．1．分　2．今　3．何

ユニット 5
Ⅰ．1．でんしゃ、がっこう、いき　2．えき　3．じてんしゃ　4．らいしゅう　5．ことし
Ⅱ．1．来　2．去年

ユニット 6
Ⅰ．1．おおきい、たかい　2．くるま、だいがく、あたらしい　3．しんぶん　4．くろい
Ⅱ．1．青　2．小　3．古

ユニット 7
Ⅰ．1．しゅじん、すき、のみ　2．さかな　3．たべもの　4．おかあさん、じょうず

Ⅱ．1．上　2．下　3．手

ユニット 8
Ⅰ．1．ちかく、あいだ　2．じかん　3．そと、おとこのひと　4．おんなのこ、うしろ
Ⅱ．1．右　2．左　3．中

ユニット 9
Ⅰ．1．おき、しんぶん　2．ときどき、み　3．ともだち、でんわ　4．かい
Ⅱ．1．聞　2．会　3．帰

ユニット 10
Ⅰ．1．おちゃ、しゃしん　2．えいご　3．ちゅうごくご、にほんご　4．てがみ　5．えいが
Ⅱ．1．酒　2．店　3．紙

ユニット 11
Ⅰ．1．りょこう、おくり　2．おしえて、ならって　3．かして　4．かり　5．べんきょう
Ⅱ．1．花　2．切手

ユニット 12
Ⅰ．1．とめ、まち　2．うり　3．あるいて　4．あめ　5．つくり　6．つかい
Ⅱ．1．入　2．出　3．立

ユニット 13
Ⅰ．1．くらい　2．おおくて、すくない　3．わるい、はやく　4．ながい、みじかい
Ⅱ．1．明　2．広　3．重

ユニット 14
Ⅰ．1．なまえ　2．ちかてつ、べんり　3．ゆうめい、しごと　4．しんせつな　5．でんき

Ⅱ．1．元気　2．見

ユニット 15
Ⅰ．1．よる、りょうり　2．とうきょう　3．きた、みなみ　4．にちよ
　　うび　5．にし
Ⅱ．1．口　2．目　3．足

ユニット 16
Ⅰ．1．おわる、おもい　2．かんじ、よみかた　3．しって　4．ふって
　　5．ね
Ⅱ．1．同　2．言　3．話

ユニット 17
Ⅰ．1．ちず、もって　2．ぎんこう　3．ふく、き　4．いちども、としょ
　　かん
Ⅱ．1．町　2．楽　3．住

ユニット 18
Ⅰ．1．なつ、ふゆ　2．みち　3．たてもの　4．びょういん　5．うん
　　てん　6．のり
Ⅱ．1．秋　2．春　3．体

ユニット 19
Ⅰ．1．かぞく、かない　2．いえ、あに　3．おねえさん　4．とけい、
　　うごき
Ⅱ．1．兄　2．妹　3．音

ユニット 20
Ⅰ．1．つき、へや、まど、あけ　2．きょうしつ、しめて　3．じぶんで
Ⅱ．1．天気　2．考

監修者
西口光一（にしぐちこういち）　大阪大学　名誉教授
　　　　　　　　　　　　　　　広島大学森戸国際高等教育学院　特任教授
著者
新矢麻紀子（しんやまきこ）　大阪産業大学国際学部　教授
古賀千世子（こがちせこ）　元神戸大学留学生センター　非常勤講師
　　　　　　　　　　　　　元松下電器産業株式会社海外研修所　講師
髙田亨（たかだとおる）　元関西学院大学国際教育・協力センター　特別契約准教授
御子神慶子（みこがみけいこ）　一般財団法人海外産業人材育成協会（AOTS）　日本語講師
　　　　　　　　　　　　　　　グループ四次元ポケット

本文イラスト
西野昌彦

表紙イラスト
さとう恭子

装丁デザイン
山田武

みんなの日本語　初級Ⅰ　第2版
漢字　英語版

2000年2月8日　初版第1刷発行
2014年4月2日　第2版第1刷発行
2023年2月24日　第2版第10刷発行

監修者　西口光一
著　者　新矢麻紀子　古賀千世子　髙田亨　御子神慶子
発行者　藤嵜政子
発　行　株式会社　スリーエーネットワーク
　　　　〒102-0083　東京都千代田区麹町3丁目4番
　　　　　　　　　　トラスティ麹町ビル2F
　　　　電話　営業　03（5275）2722
　　　　　　　編集　03（5275）2725
　　　　https://www.3anet.co.jp/
印　刷　倉敷印刷株式会社

みんなの日本語シリーズ

みんなの日本語 初級Ⅰ 第2版

● 本冊(CD付) ……………… 2,750円(税込)
● 本冊 ローマ字版(CD付) … 2,750円(税込)
● 翻訳・文法解説 ………… 各2,200円(税込)
英語版／ローマ字版【英語】／中国語版／韓国
語版／ドイツ語版／スペイン語版／ポルトガル
語版／ベトナム語版／イタリア語版／フランス
語版／ロシア語版(新版)／タイ語版／インド
ネシア語版／ビルマ語版／シンハラ語版
● 教え方の手引き …………… 3,080円(税込)
● 初級で読めるトピック25 … 1,540円(税込)
● 聴解タスク25 …………… 2,200円(税込)
● 標準問題集 ………………… 990円(税込)
● 漢字 英語版 …………… 1,980円(税込)
● 漢字 ベトナム語版 ……… 1,980円(税込)
● 漢字練習帳 ………………… 990円(税込)
● 書いて覚える文型練習帳 … 1,430円(税込)
● 導入・練習イラスト集 …… 2,420円(税込)
● CD 5枚セット …………… 8,800円(税込)
● 会話DVD ………………… 8,800円(税込)
● 会話DVD PAL方式 …… 8,800円(税込)
● 絵教材CD-ROMブック … 3,300円(税込)

みんなの日本語 初級Ⅱ 第2版

● 本冊(CD付) ……………… 2,750円(税込)
● 翻訳・文法解説 ………… 各2,200円(税込)
英語版／中国語版／韓国語版／ドイツ語版／
スペイン語版／ポルトガル語版／ベトナム語
版／イタリア語版／フランス語版／ロシア語版
(新版)／タイ語版／インドネシア語版／ビル
マ語版
● 教え方の手引き …………… 3,080円(税込)

● 初級で読めるトピック25 … 1,540円(税込)
● 聴解タスク25 …………… 2,640円(税込)
● 標準問題集 ………………… 990円(税込)
● 漢字 英語版 …………… 1,980円(税込)
● 漢字 ベトナム語版 ……… 1,980円(税込)
● 漢字練習帳 ………………… 1,320円(税込)
● 書いて覚える文型練習帳 … 1,430円(税込)
● 導入・練習イラスト集 …… 2,640円(税込)
● CD 5枚セット …………… 8,800円(税込)
● 会話DVD ………………… 8,800円(税込)
● 会話DVD PAL方式 …… 8,800円(税込)
● 絵教材CD-ROMブック … 3,300円(税込)

みんなの日本語 初級 第2版

● やさしい作文 …………… 1,320円(税込)

みんなの日本語 中級Ⅰ

● 本冊(CD付) ……………… 3,080円(税込)
● 翻訳・文法解説 ………… 各1,760円(税込)
英語版／中国語版／韓国語版／ドイツ語版／
スペイン語版／ポルトガル語版／フランス語版
／ベトナム語版
● 教え方の手引き …………… 2,750円(税込)
● 標準問題集 ………………… 990円(税込)
● くり返して覚える単語帳 …… 990円(税込)

みんなの日本語 中級Ⅱ

● 本冊(CD付) ……………… 3,080円(税込)
● 翻訳・文法解説 ………… 各1,980円(税込)
英語版／中国語版／韓国語版／ドイツ語版／
スペイン語版／ポルトガル語版／フランス語版
／ベトナム語版
● 教え方の手引き …………… 2,750円(税込)
● 標準問題集 ………………… 990円(税込)
● くり返して覚える単語帳 …… 990円(税込)

● 小説 ミラーさん
　―みんなの日本語初級シリーズ―
● 小説 ミラーさんⅡ
　―みんなの日本語初級シリーズ―
　…………………… 各1,100円(税込)

スリーエーネットワーク

ウェブサイトで新刊や日本語セミナーをご案内しております。
https://www.3anet.co.jp/